Bernd Steinbach / Christian Posthoff
EAGLE-STARTHILFE
Java-Programmierung für Anfänger

EAGLE 088:
www.eagle-leipzig.de/088-steinbach-posthoff.htm

Edition am Gutenbergplatz Leipzig

Gegründet am 21. Februar 2003 in Leipzig,
im Haus des Buches am Gutenbergplatz.

Im Dienste der Wissenschaft.

Hauptrichtungen dieses Verlages für Lehre, Forschung
und Anwendung sind:
Mathematik, Informatik, Naturwissenschaften,
Wirtschaftswissenschaften, Wissenschafts- und Kulturgeschichte.

EAGLE: www.eagle-leipzig.de

Bände der Sammlung „EAGLE-STARTHILFE" erscheinen
seit 2004 im unabhängigen Wissenschaftsverlag
„Edition am Gutenbergplatz Leipzig"
(Verlagsname abgekürzt: EAGLE bzw. EAG.LE).

„EAGLE-STARTHILFEN" aus Leipzig erleichtern den Start in ein
Wissenschaftsgebiet. Einige der Bände wenden sich gezielt an
Schüler, die ein Studium beginnen wollen, sowie an Studienanfänger.
Diese Titel schlagen eine Brücke von der Schule zur Hochschule und
bereiten den Leser auf seine künftige Arbeit mit umfangreichen
Lehrbüchern vor. Sie eignen sich auch zum Selbststudium und als
Hilfe bei der individuellen Prüfungsvorbereitung an Universitäten,
Fachhochschulen und Berufsakademien.

Jeder Band ist inhaltlich in sich abgeschlossen und leicht lesbar.

www.eagle-leipzig.de/verlagsprogramm.htm
www.eagle-leipzig.de/starthilfen.htm
https://twitter.com/EagleLeipzig

Bernd Steinbach / Christian Posthoff

EAGLE-STARTHILFE
Java-Programmierung für Anfänger

EAG.LE Edition am Gutenbergplatz
Leipzig

Bibliografische Information der Deutschen Nationalbibliothek
Die Deutsche Nationalbibliothek verzeichnet diese Publikation in der Deutschen
Nationalbibliografie; detaillierte bibliografische Daten sind im Internet über
http://dnb.d-nb.de abrufbar.

Prof. Dr.-Ing. habil. Bernd Steinbach
Geboren 1952 in Chemnitz. Studium der Informationstechnik an der TU Chemnitz.
Promotionen (Dr.-Ing.) 1981 und (Dr. sc. techn.) 1984. Habilitation 1991.
Von 1977 bis 1983 Assistent an der TU Chemnitz. Forschungsingenieur im
Kombinat Robotron von 1983 bis 1985.
Von 1985 bis 1992 Dozent für Entwurfsautomatisierung der TU Chemnitz.
Seit 1992 Universitätsprofessor für Informatik / Softwaretechnologie und
Programmierungstechnik an der TU Bergakademie Freiberg. Von 1998 bis 2000
Direktor des Instituts für Informatik an der TU Bergakademie Freiberg. Von 2003 bis 2006
Prodekan der Fakultät für Mathematik und Informatik an der TU Bergakademie Freiberg.
Seit 1992 Leiter des Steinbeis-Transferzentrums Logische Systeme in Chemnitz.

Prof. Dr.-Ing. habil. Dr. rer. nat. Christian Posthoff
Geboren 1943 in Neuhammer. Mathematikstudium an der Universität Leipzig.
Promotionen (Dr. rer. nat.) 1975 und (Dr. sc. techn.) 1979.
Habilitation (Dr.-Ing. habil.) 1991. Von 1968 bis 1972 Industrietätigkeit.
Von 1972 bis 1980 Assistent und Oberassistent an der Sektion Informationstechnik
der TU Chemnitz. Von 1980 bis 1983 Dozent für Logikentwurf.
Von 1983 bis 1993 Professor für Informatik / Theoretische Informatik und
Künstliche Intelligenz an der Sektion Informatik der TU Chemnitz.
Seit 1994 Full Professor of Computer Science am Department of Mathematics &
Computer Science der University of the West Indies, St. Augustine, Trinidad & Tobago.
Von 1996 bis 2002 Head of Department Computer Science.

Erste Umschlagseite: Palmen am Strand von Tobago - Notebook (Montage / Fotos: B. Steinbach 2009, 2015).
Vierte Umschlagseite:
Dieses Motiv zur BUGRA Leipzig 1914 (Weltausstellung für Buchgewerbe und Graphik) zeigt neben
B. Thorvaldsens Gutenbergdenkmal auch das Leipziger Neue Rathaus sowie das Völkerschlachtdenkmal.

Für vielfältige Unterstützung sei der Teubner-Stiftung in Leipzig gedankt.

Warenbezeichnungen, Gebrauchs- und Handelsnamen usw. in diesem Buch berechtigen auch ohne spezielle
Kennzeichnung nicht zu der Annahme, dass solche Namen im Sinne der Warenzeichen- und Markenschutz-
Gesetzgebung als frei zu betrachten wären und von jedermann benutzt werden dürften.

EAGLE 088: www.eagle-leipzig.de/088-steinbach-posthoff.htm

Das Werk einschließlich aller seiner Teile ist urheberrechtlich geschützt. Jede Verwertung außerhalb der
engen Grenzen des Urheberrechtsgesetzes ist ohne Zustimmung des Verlages unzulässig und strafbar.
Das gilt besonders für Vervielfältigungen, Übersetzungen, Mikroverfilmungen und die Einspeicherung und
Verarbeitung in elektronischen Systemen.

© Edition am Gutenbergplatz Leipzig 2016

Printed in Germany
Umschlaggestaltung: Sittauer Mediendesign, Leipzig
Herstellung: BoD - Books on Demand, Norderstedt

ISBN 978-3-95922-088-0

Vorwort

Die Informatik trägt zur kontinuierlich wachsenden Anzahl hilfreicher Anwendungen des Computers in den verschiedensten Lebensbereichen bei. Diese reichen von Anwendungen in der Schulbildung, an Universitäten, Fachhochschulen und Berufsakademien bis hin zu Anwendungen in vielen Berufen, der Wirtschaft und sogar in der Rechtsprechung. Hieraus erwachsen auch gewaltige Anforderungen an die Weiterbildung. Die interdisziplinären Verflechtungen werden immer größer. Die Mathematik ist *anwendbarer* als je zuvor, bedarf aber immer mehr der Unterstützung durch Computer. Den Einfluss auf die Nachrichtentechnik spüren wir jeden Tag. *Mathematikunterricht* mit dem Computer, *Sprachunterricht, elektronische Wörterbücher*, interdisziplinäre Anwendungen bis hin zur *Medizinischen Informatik* sind Problemfelder, die schnelle Fortschritte machen. Sehr oft findet man Verknüpfungen von Hardware, Software und technischen oder ökonomischen Anwendungen. Die Sicherheit solcher Systeme, aber auch ihre Anwendbarkeit und die Möglichkeiten, solche Systeme zu bedienen, sind große Herausforderungen.

Die Einbeziehung von Grundkenntnissen der Informatik in die Schulbildung verlangt vielfältige Anstrengungen, sowohl vom Lehrer als auch vom Schüler und nicht zuletzt von den Eltern. Die Anpassung der Lehrinhalte in den unterschiedlichen Fächern, aber auch die notwendigen materiellen Voraussetzungen in den Haushalten und Schulen, müssen dabei beachtet werden. Natürlich ist es schwierig, für einen Einstieg in die Informatik einen Anfang zu finden, aber einige Grundkenntnisse der Programmierung sind auf jeden Fall notwendig und nützlich. An irgendeiner Stelle muss man ja anfangen!

Wir verwenden dafür die Programmiersprache JAVA, eine objektorientierte Programmiersprache, die es erlaubt, viele Anwendungen zu realisieren und die auch für unsere Arbeit mit dem Internet viele Möglichkeiten bietet. Dieses Buch ermöglicht einen Einstieg in die Programmierung, der für Anfänger geeignet ist, die das Programmieren erlernen möchten, aber keine Vorkenntnisse besitzen. Natürlich muss man einen Computer zur Verfügung haben, der auch Anschluss an das Internet besitzt.

Bekanntlich gibt es sehr viele Einführungen in die Programmierung, sowohl im Internet als auch in Büchern. Die Informationen im Internet sind oft verstreut und stellen die Elemente der Programmiersprache auf sehr unterschiedlichem Niveau dar. Die vorhandenen Lehrbücher müssen natürlich eine gewisse Vollständigkeit anstreben und haben daher meist einen großen Umfang.

Deshalb legen wir Wert auf das Lernen aus Beispielen. Wir werden hier konkrete Probleme vorstellen, dazu das Programm, welches dieses Problem löst, und wir zeigen dem Leser, wie diese beiden Bereiche miteinander zusammenhängen. Diese Vorgehensweise beruht auf einer experimentellen Grundlage. Man muss unmittelbar sehen, wie das Programm beschaffen ist und was es leistet. Selbstverständlich gibt es für viele Probleme, die hier gestellt werden, ganz unterschiedliche Lösungen. Es ist aber notwendig und völlig ausreichend, die dargestellten Lösungen zu verstehen und nachzuvollziehen, Zeile für Zeile. Die objektorientierte Programmierung ermöglicht es, dass Sie nach dem Durcharbeiten dieses Buches sogar interaktive Windows-Anwendungen und Grafikprogramme selbst entwickeln können. Wir haben auf ein Literaturverzeichnis verzichtet, da keine speziellen Literaturquellen verwendet wurden. Für ergänzendes Material ist das Internet eine ergiebige Quelle. Ab und an zeigen wir, wie man diese Informationsquelle sachgemäß nutzen kann.

Es ist unser Bestreben, einen ersten Einstieg für einen breiten Personenkreis zu ermöglichen. Kenntnisse dieser Art werden bald Teil der Allgemeinbildung sein und gehören auch in die Schulen! Man sollte sich mit den Aufgaben so lange wie möglich selbst beschäftigen und nur wenn man gar nicht weiter kommt, auf die Lösungen am Buchende zurückgreifen. Die angebotenen Lösungen sind stets nur Vorschläge, denn es gibt sehr oft äquivalente Möglichkeiten.

Herrn J. Weiß in Leipzig danken wir für seine Anregung, dieses Buch zu schreiben. Darüber hinaus sind wir ihm sehr zu Dank verpflichtet für die ausgezeichnete Zusammenarbeit und die unendliche Geduld bei der Arbeit am Manuskript.

Freiberg, Chemnitz, Januar 2016   Bernd Steinbach, Christian Posthoff

Inhalt

1 Einfache Programme 9
   1.1 Der Einstieg 9
   1.2 Was man für ein kleines Programm braucht 14
   1.3 Elementare Datentypen und Operationen 19
   1.4 Eindimensionale und mehrdimensionale Felder 27
   1.5 Aufgaben 30

2 Die Steuerung des Programmablaufes 31
   2.1 Strukturierte Programmierung 31
   2.2 Sequenz 32
   2.3 Alternative 33
   2.4 Iteration 36
   2.5 Weitere Steueranweisungen 43
   2.6 Aufgaben 44

3 Objektorientierte Programmierung 45
   3.1 Objekte 45
   3.2 Klassen 47
   3.3 Schnittstellen 59
   3.4 Pakete 61
   3.5 Beispiel einer vorhandenen Klasse: `String` 63
   3.6 Aufgaben 67

4 Programmierung von Windows-Anwendungen 69
   4.1 Die Klasse `JFrame` 69
   4.2 Grafische Steuerelemente 71

4.3	Ereignisbehandlung	75
4.4	Grafische Darstellungen	79
4.5	Aufgaben	82

5 Lösungen der Aufgaben 83
    5.1 Lösungen zum Abschnitt 1 83
    5.2 Lösungen zum Abschnitt 2 86
    5.3 Lösungen zum Abschnitt 3 89
    5.4 Lösungen zum Abschnitt 4 96

Stichwortverzeichnis 99

1 Einfache Programme

1.1 Der Einstieg

Wir verwenden von Anfang an als Arbeitsgrundlage einen PC und das Internet und gehen stets davon aus, dass diese Voraussetzungen gegeben sind. Um Java-Programme erstellen und ausführen zu können, benötigen wir auf diesem Rechner die erforderlichen Softwarewerkzeuge. Diese sind im

Java SE Development Kit

zusammengefasst, wofür die Abkürzung JDK verwendet wird. Die Abkürzung SE steht dabei für *Standard Edition*. Das JDK kann kostenlos aus dem Internet auf den verwendeten PC heruntergeladen und dort installiert werden. Die Suche nach JDK `download` führt zu der entsprechenden Seite, wo man das JDK für die verwendete Betriebssystemversion auswählt und herunterlädt. Hinweise zur Installation findet man auch auf dieser Seite im Internet. Nach der Installation haben Sie die Voraussetzungen für die Entwicklung und Ausführung von Java-Programmen geschaffen, da das JDK auch die Laufzeitumgebung (JRE: *Java Runtime Environment*) mit enthält.

Ergänzend zu dem JDK gibt es verschiedene Softwaresysteme, welche die Entwicklung von Java-Programmen und auch anderer Software unterstützen. Wir erwähnen etwa (in alphabetischer Reihenfolge) Systeme wie *BlueJ*, *Eclipse*, *Greenfoot*, *JCreator*, *Netbeans IDE* u.a. Solche Systeme helfen einerseits bei der effizienten Erstellung von Java-Programmen, erfordern aber andererseits zusätzliche Kenntnisse über die Konfiguration des jeweiligen Systems und dessen Handhabung. Da das Ziel dieser EAGLE-STARTHILFE das Erlernen der Programmierung mit Java ist, verzichten wir auf solche Entwicklungssysteme.

Nachdem wir die Voraussetzungen zur Entwicklung von Java-Programmen geschaffen haben, können wir uns der Programmiersprache und den notwendigen Schritten vom Editieren bis hin zum Ausführen eines Java-Programms zuwenden. Der Quelltext eines Java-Programms ist nichts anderes als eine Folge von

```
1  public class KlassenName{
2  public static void main (String[] args){
3       // Anweisungen des Programms
4     }
5  }
```

Abbildung 1.1 Der äußere Rahmen eines Java-Programms

Zeichen, so als würden wir einen Brief schreiben. Allerdings muss der Quelltext eines Java-Programms bestimmte Regeln erfüllen.

Um ohne Vorkenntnisse und mit möglichst wenigen Erklärungen zu einem ersten ausführbaren Programm zu gelangen, geben wir in der Abbildung 1.1 den erforderlichen Rahmen an, der um die auszuführenden Anweisungen herum vorhanden sein muss. Dieses Java-Programm erfüllt die Regeln der Programmiersprache Java, zeigt aber bei der Ausführung keine Reaktionen. Der Quelltext aus der Abbildung 1.1 kann mit jedem beliebigen Text-Editor eingegeben werden. Das Wort **KlassenName** wurde hier als Platzhalter für den konkreten Namen des zu entwickelnden Programms verwendet. Einzugeben ist nur der Text innerhalb der Umrahmung. Die Zeilennummern am linken Rand dienen als Hilfe, um auf einzelne Zeilen verweisen zu können. Zum Beispiel ist die Zeile 3 in der Abbildung 1.1 ein Zeilenkommentar, der nicht zur Ausführung des Programms beiträgt, sondern nur zur Erläuterung dient. Er wird durch die beiden Schrägstriche eingeleitet und reicht bis zum Ende der Zeile.

Nach dem Editieren des Quelltextes muss dieser als Datei in ein Verzeichnis des PC gespeichert werden. Wir verwenden dazu, orientiert am Titel des Buchs, das Verzeichnis **C:\jpa**. Da Java die verschiedenen Programme über den Dateinamen findet, muss der Name der Datei mit dem Namen der Klasse, in der die **main()**-Methode enthalten ist, übereinstimmen. Jedes Java-Quellprogramm wird durch die Erweiterung des Dateinamens **.java** gekennzeichnet. Für das Java-Quellprogramm aus der Abbildung 1.1 ergibt sich somit der vollständige Name **KlassenName.java**.

Alle weiteren Schritte zum Ausführen eines Java-Programms können durch

1.1 Der Einstieg

Kommandos auf der *Kommandozeile* des Computers gesteuert werden. Wenn man als aktuelles Verzeichnis der Kommandozeile das Verzeichnis auswählt, wo sich die selbst editierten Java-Quellprogramme befinden (hier `C:\jpa`), sind die notwendigen Kommandos besonders einfach. Unter Windows kann man ein Fenster mit dieser Kommandozeile erzeugen, ausgehend vom Windows-Explorer. Durch Halten der Umschalttaste zu Großbuchstaben und einen Klick mit der rechten Maustaste auf das Verzeichnis der Java-Quellprogramme wird ein Kontext-Menü geöffnet, in dem durch einen Klick auf den Menü-Punkt

Eingabeaufforderung hier öffnen

sofort das benötigte Fenster mit der Kommandozeile angezeigt wird. Alternativ kann man das Programm `Eingabeaufforderung` (`cmd`) ausführen und mit `cd` Kommandos (engl. *change directory*) das aktuelle Verzeichnis auswählen.

Der Quelltext eines Java-Programms kann nicht direkt ausgeführt werden. Er muss erst noch von einem Java-Compiler (Java-Übersetzer) in ein ausführbares Programm umgeformt werden. Das JDK enthält dazu den Java-Compiler `javac`. Auf der Kommandozeile `C:\jpa>` geben wir für obiges Beispiel

```
C:\jpa> javac KlassenName.java
```

ein, wodurch wir im gleichen Verzeichnis die übersetzte Datei

```
KlassenName.class
```

erhalten.

Nun steht der Ausführung des Java-Programms `KlassenName` nichts mehr im Wege. Wir können dieses Programm sogar auf Rechnern mit unterschiedlichen Prozessoren und verschiedenen Betriebssystemen ausführen. Das ist möglich, weil in der erzeugten Datei `KlassenName.class` ein spezieller Byte-Code abgespeichert wird, der von einer *Java virtuellen Maschine* (JVM) ausgeführt wird. Die JVM ist ein Bestandteil der Java-Laufzeitumgebung (JRE), die auch zum JDK gehört. Die JVM kann als Interpreter der `.class`-Datei implementiert sein, wird aber meist als just-in-time-Compiler realisiert, der den Byte-Code beim Lesen von der Festplatte in Befehle für den vorhandenen Prozessor umformt und danach sofort ausführt. Die JVM ist ein ausführbares Programm der JRE

```
1  public class HelloWorld{
2    public static void main (String[] args){
3      System.out.println("Hello World!");
4    }
5  }
```

Abbildung 1.2 Mein erstes Java-Programm

mit dem Namen `java`. Zum Ausführen des obigen Programmes wird auf der Kommandozeile

$$\texttt{C:\textbackslash jpa> java KlassenName}$$

eingegeben. Die Erweiterung des Dateinamens `.class` muss hier weggelassen werden. Das Programm `KlassenName` wird durch diesen Aufruf ausgeführt, aber wir erkennen keine Reaktionen, da wir noch keine vorgeschrieben haben.

Das gewünschte Verhalten eines Java-Programms muss anstelle der Zeile 3 aus der Abbildung 1.1 in der innersten Klammer mit korrekten Java-Anweisungen spezifiziert werden. Als ein Java-Programm, das eine erste Reaktion zeigt, hat sich das Programm in der Abbildung 1.2 eingebürgert. An diesem Beispiel erklären wir die Bedeutung der Bestandteile des Programms.

- Das Schlüsselwort `public` der Sprache Java kommt in den ersten beiden Zeilen vor. Es erlaubt in der Zeile 1 den öffentlichen Zugang zur Klasse `HelloWorld` und in der Zeile 2 den Aufruf der `main()`-Methode von außerhalb der Klasse.

- Die Programmiersprache Java gehört zu den *objektorientierten* Sprachen. Deshalb muss das gewünschte Verhalten innerhalb von *Klassen* spezifiziert werden. Das Schlüsselwort `class` der Sprache Java kennzeichnet den Beginn einer Klasse. Zur Klasse `HelloWorld` gehört alles, was innerhalb des nachfolgenden Paares von geschweiften Klammern steht.

- Die `main()`-Methode ist stets der Startpunkt für ein abzuarbeitendes Programm, sie darf demzufolge nur ein einziges Mal auftreten. Das Verhalten einer Methode wird innerhalb des nachfolgenden Paars von ge-

1.1 Der Einstieg

schweiften Klammern beschrieben.

- Das Schlüsselwort `void` vor dem Methodennamen `main` besagt, dass diese Methode keinen Ergebniswert zurückgibt.
- Durch das Schlüsselwort `static` wird zum Ausdruck gebracht, dass die Methode aufgerufen werden kann, ohne dass ein Objekt der Klasse benötigt wird.
- In den runden Klammern nach dem Methodennamen `main` werden die Parameter angegeben, die an die Methode übergeben werden. Hier ist es ein Vektor, der beliebig viele Zeichenketten (`String`) enthalten kann. Diese Zeichenketten können beim Programmaufruf auf der Kommandozeile eingegeben werden.
- Der Zweck dieses einfachen Programms ist die Ausgabe der Zeichenkette `Hello World!`. Eine Zeichenkette besteht aus einer Folge von Zeichen, die vor und nach dem Text durch das Zeichen " gekennzeichnet wird. Im Abschnitt 3.5 werden Zeichenketten genauer beschrieben.
- Die Ausgabe nimmt die Methode `println()` vor. Diese Methode gehört zum Verhalten des Ausgabeobjekts `out`, das in der Klasse `System` bereits angelegt ist. Am Methodennamen `println()` erkennt man ihren Zweck: `print` (drucke) und gehe zur nächsten Zeile, was durch die Endung `ln` (engl. *line*) angedeutet wird.
- Die gesamte Zeile 3 ist eine Anweisung, die mit einem Semikolon beendet wird.

Wir fassen noch einmal die Schritte zusammen, die gebraucht werden, um das Programm aus der Abbildung 1.2 ausführen zu können:

1. editiere den Programmtext aus der Abbildung 1.2 in einem Editor,
2. speichere diesen Programmtext als Datei `HelloWorld.java`,
3. kompiliere dieses Java-Programm: `javac HelloWorld.java`,
4. führe das kompilierte Programm mit dem Kommando `java HelloWorld` aus.

1.2 Was man für ein kleines Programm braucht

Als nächstes Problem wollen wir ein Programm schreiben, das die Lösungen einer quadratischen Gleichung bestimmt, wobei die Gleichung in der Form

$$x^2 + px + q = 0$$

gegeben ist. Eine solche Gleichung ist durch die Werte für p und q bestimmt. Man erinnert sich möglicherweise noch an die Lösungsformel

$$x_{1,2} = -\frac{p}{2} \pm \sqrt{\frac{p^2}{4} - q} \; . \tag{1.1}$$

Das Programm aus der Abbildung 1.3 löst diese Aufgabe für $p = 5.0$ und $q = 2.25$, und wir wollen die verwendeten Konstruktionen betrachten.

Als erstes richten wir unsere Aufmerksamkeit auf die Zeile 3, die mit `double` beginnt und dahinter *Variable* mit einem bestimmten Namen enthält. Das Wort `double` bestimmt den *Datentyp* der Variablen. Der Name definiert (oder reserviert) einen bestimmten Speicherplatz, wo der Wert dieser Variablen gespeichert wird. Dieser Wert ist stets über den Namen zu erreichen.

```
1   public class QuadGleichung1{
2     public static void main(String[] args) {
3       double p, q, x1, x2, w, z;
4       p = 5.0;
5       q = 2.25;
6       w = p*p/4-q;
7       z = Math.sqrt(w);
8       x1 = -p/2 + z;
9       x2 = -p/2 - z;
10      System.out.println("x1=" + x1);
11      System.out.println("x2=" + x2);
12    }
13  }
```

Abbildung 1.3 Programm zur Lösung einer quadratischen Gleichung

Jede Variable wird mit einem bestimmten Datentyp definiert!

Für reelle Zahlen sind zwei Datentypen vorgesehen: `float` und `double`. Der erste verwendet intern 32, der zweite 64 Bits zur Speicherung des Wertes. Die Anzahl der Bits beeinflusst einerseits die Genauigkeit von Rechenergebnissen, andererseits den Verbrauch an Speicherplatz. Beide Datentypen können wir uns als Zahlen mit Ziffern vor und nach dem Komma vorstellen. Man beachte, dass Java einen *Dezimalpunkt* verlangt, entsprechend den englischen Regeln. Es ist im Moment kein Problem, den Datentyp `float` zu ignorieren, es ist genügend Speicherplatz vorhanden! Wir verwenden deshalb stets den Datentyp `double`.

Die Zeilen 4 bis 9 zeigen, wie einer Variablen ein Wert zugewiesen wird. Links vom Gleichheitszeichen steht der Name der Variablen, der ein Wert zugewiesen werden soll, und rechts davon ein *berechenbarer* Ausdruck. Der Wert der Variablen auf der linken Seite *ergibt sich* nach Abschluss der Berechnung des Ausdrucks rechts vom Gleichheitszeichen. Deshalb heißen solche Anweisungen *Ergibt-Anweisungen*. Sie bilden das Kernstück aller Arten von Berechnungen. Die Zuweisung eines konstanten Wertes (hier 5.0 oder 2.25) ist ein Spezialfall, bei dem der Wert des Ausdrucks durch einen konstanten Wert festgelegt ist. Auf der rechten Seite der Anweisung `w = p*p/4-q;` steht aber schon ein Ausdruck, der tatsächlich berechnet werden muss. In diesem Ausdruck werden die Multiplikation (*), die Division (/) und die Subtraktion (-) verwendet. Man muss darauf achten, dass alle Variablen, die zu einer Berechnung gebraucht werden, vor dem Erreichen der jeweiligen Anweisung einen Wert besitzen.

Zeile 7 zeigt ein Problem, mit dem wir im Weiteren sehr oft zu tun haben werden. Die Lösungsformel (1.1) erfordert die Berechnung des Wertes einer Wurzel. Eine Funktion dafür ist bereits in einer Klasse der Java-Bibliothek definiert. Ähnlich verhält es sich bei vielen anderen häufig benötigten Funktionen. Die Funktion zur Berechnung der Wurzel `sqrt()` ist wie viele weitere mathematische Funktionen in der Klasse `Math` als Klassenfunktion definiert und kann deshalb unmittelbar verwendet werden. Damit der Java-Compiler eine solche Funktion findet, muss ihm die zugehörige Klasse bekannt sein. Alle Klassen, die im Paket `java.lang` definiert sind, findet der Java-Compiler ohne unser Zutun. Zu diesen Klassen gehören die Klasse `Math`, die Klasse `System` und viele weitere sehr häufig benötigte Klassen.

Eine Vielzahl von mathematischen Konzepten kann auf diese Weise ohne weitere Mühe genutzt werden. Man muss sich nur um den Namen der Funktionen sowie den Datentyp des Argumentes und des Ergebnisses kümmern. Es ist aber sinnlos, alle diese Funktionen auswendig zu lernen. Es steht die Seite

https://docs.oracle.com/javase/8/docs/api/java/lang/Math.html

im Internet zur Verfügung, wo man die mathematischen Funktionen nachschlagen kann.

Da beispielsweise die Funktion `sqrt()` ein Argument vom Datentyp `double` verlangt, haben wir alle Variablen für unser Problem als `double` definiert. Die genannte Seite im Internet beschreibt nur, was die Klasse `Math` an Daten (z.B. die Konstante `PI` für den Wert von π) und Funktionen (z.B. `sin()`, `cos()`, `tan()` usw.) bereitstellt. Informationen über alle Klassen der umfangreichen Java-Bibliothek findet man im Internet, wenn man mit der Seite

https://docs.oracle.com/javase/8/docs/api/overview-summary.html

beginnt.

Die Ausgabe der Ergebnisse geschieht mit Hilfe der Methode `println()` einer eingebauten Klasse. Der Name erinnert noch ein wenig an die Zeit vor dem Bildschirm, als der Drucker noch das wichtigste Ausgabemedium war. Das zum Aufruf der Methode `println()` erforderliche Objekt `out` ist in der Klasse `System` so definiert, dass wir es unmittelbar verwenden können. Diese Methode verlangt eine Zeichenkette als Argument, die durch "*Zeichenkette*" dargestellt wird. Man schreibt also die Zeichenkette `"x1="` auf. Wir wollen erreichen, dass nach dieser Zeichenkette der Wert (die Gleitkommazahl) der Variablen `x1` ausgegeben wird. Dazu sind zwei Aktionen erforderlich:

1. das Umwandeln der Gleitkommazahl in eine Zeichenkette und
2. das Verketten der beiden Zeichenketten.

Um diese beiden Aktionen zu erreichen brauchen wir nur das Operationszeichen + zwischen die Zeichenkette `"x1="` und die Variable `x1` zu schreiben. Im Zusammenhang mit einer gegebenen Zeichenkette bewirkt das Pluszeichen (+)

1.2 Was man für ein kleines Programm braucht

```
 1  import java.util.Scanner;
 2  public class QuadGleichung2{
 3    public static void main(String[] args) {
 4      double p, q, x1, x2, w, z;
 5      Scanner scanner = new Scanner(System.in);
 6      System.out.print("Eingabe von p: ");
 7      p=scanner.nextDouble();
 8      System.out.print("Eingabe von q: ");
 9      q=scanner.nextDouble();
10      w = p*p/4-q;
11      z = Math.sqrt(w);
12      x1 = -p/2 + z;
13      x2 = -p/2 - z;
14      System.out.println("x1=" + x1);
15      System.out.println("x2=" + x2);
16    }
17  }
```

Abbildung 1.4 Programm zur Lösung einer quadratischen Gleichung mit Eingabe von p und q

immer das Verketten von zwei Zeichenketten. Die Variable `x1` besitzt aber den Datentyp `double` und wird als Voraussetzung für diese Verkettung ohne unser Zutun (implizit) in eine Zeichenkette umgewandelt.

Das Programm aus der Abbildung 1.3 arbeitet nur für die Werte $p = 5.0$ und $q = 2.25$. Für andere Werte müsste man das Programm ändern. Das ist natürlich nicht besonders attraktiv; stattdessen sollen die Werte für p und q über die Tastatur eingegeben werden, was durch das Programm in der Abbildung 1.4 bewerkstelligt wird.

Zur Eingabe gibt es in der Java-Bibliothek sehr viele Klassen. Das Betätigen einer Taste der Tastatur bewirkt, dass ein Byte mit der zugehörigen Kodierung in einen Eingabestrom geschrieben wird, der als Objekt `in` (so wie das bereits verwendete Objekt `out`) in der Klasse `System` definiert ist. Wir benötigen aber eine Zahl vom Typ `double`. Die Umformung aller eingegebenen Bytes in den gewünschten Typ `double` übernimmt die Methode `nextDouble()` der Klasse `Scanner`. Diese Klasse ist in dem Paket `java.util` definiert.

```
1  C:\jpa>java QuadGleichung2
2  Eingabe von p: 5,337
3  Eingabe von q: -3,4568
4  x1=0.5838364293996401
5  x2=-5.92083642939964
```

Abbildung 1.5 Lösung einer quadratischen Gleichung

Die Klasse **Scanner** ist die erste Klasse, die wir verwenden und die sich nicht im Paket **java.lang** befindet. Damit der Java-Compiler eine solche Klasse findet, muss die Klasse importiert werden. Die Zeile 1 in der Abbildung 1.4 zeigt die erforderliche **import**-Anweisung. In der Zeile 5 erzeugen wir mit dem Operator **new** ein neues Objekt (eine neue Instanz) der Klasse **Scanner**. Beim Erzeugen dieses Objekts geben wir als Argument an, dass die Eingabedaten aus dem Datenstrom **System.in**, also von der Tastatur, gelesen werden sollen. Als Name dieses Objekts haben wir **scanner** gewählt.

Eingaben sollte man immer mit einem (kleinen) Begleittext anfordern, wie etwa **Eingabe von p:**. Nach der Ausgabe mit **System.out.print()** in der Zeile 6 (ohne **ln** am Ende!) bleibt der Cursor im Kommandofenster auf der gleichen Zeile. Unser Programm wartet auf die Eingabe der nächsten Zahl vom Typ **double**, was wir in der Zeile 7 vorgeschrieben haben. Nach der Eingabe der Ziffern der Dezimalzahl (hier mit Komma!) muss die Enter-Taste betätigt werden. Die vom Objekt **scanner** aus den eingegebenen Bytes hergestellte Zahl wird der Variablen p zugewiesen. In analoger Weise erfolgt die Eingabe von q in den Zeilen 8 und 9. Die weiteren Zeilen stimmen mit dem Programm für feste Werte von p und q aus der Abbildung 1.3 überein. Die Abbildung 1.5 zeigt, was bei der Ausführung des Programms aus der Abbildung 1.4 auf dem Bildschirm für die eingegebenen Werte angezeigt wird.

Der Wert unter der Wurzel kann gleich 0 sein, dann ist der Wert von **x1** gleich dem Wert von **x2**. Ist der Wert unter der Wurzel < 0, dann ist der Wert der Wurzel keine reelle Zahl, das wird durch **NaN** (not a number) für **x1** und **x2** angezeigt. Die eingebauten Funktionen sind also ziemlich komfortabel ausgestaltet.

1.3 Elementare Datentypen und Operationen

In diesem Abschnitt wollen wir uns nun den elementaren Datentypen zuwenden. Die Programmiersprache Java definiert für jeden Datentyp einen Bereich der zulässigen Werte und die mit ihnen ausführbaren Operationen. Zusätzlich ist festgelegt, wie diese Werte gespeichert werden.

Ganze Zahlen. Man kann eine Variable durch das Schlüsselwort `int` als ganze Zahl festlegen. `int i;` oder `int i, j;` sind die geeigneten Definitionen für Variablen mit dem Datentyp `int`. Die entsprechenden Werte sind aus dem Mathematikunterricht bekannt:

$$i = 0, \pm 1, \pm 2, \pm 3, \ldots$$

Zahlen vom Datentyp `int` können Werte im Bereich

$$-2^{31} = -2.147.483.648 \leq i \leq 2^{31} - 1 = 2.147.483.647$$

annehmen. Die Tabelle 1.1 zeigt die verfügbaren Operationen, mit denen die bekannten Konzepte realisiert sind.

Die Addition, Subtraktion und Multiplikation machen keine Probleme, denn das Ergebnis dieser Operationen ist stets wieder eine ganze Zahl vom Typ `int`. Die ganzzahlige Division und die Berechnung des Rests (modulo), der bei einer ganzzahlige Division entsteht, gehört mehr zu einem mathematischen Hintergrund. Generell gilt $47 = 3*15+2$; demzufolge ist $47/3 = 15, 47\%3 = 2$. Für $-47 = 3*(-15)+(-2)$ ergibt sich $-47/3 = -15, -47\%3 = -2$.

Tabelle 1.1 Operationen für ganze Zahlen

Symbol	Bedeutung	Beispiele		
+	Addition	i+j	oder	i+25
-	Subtraktion	i-j	oder	i-17
*	Multiplikation	i*j	oder	i*13
/	Division	i/j	oder	i/2
%	Rest bei der Division	i%j	oder	i%3

Tabelle 1.2 Datentypen für ganze Zahlen

Typ	Speicherplatz in Byte	Wertebereich	
		kleinster Wert	größter Wert
byte	1	-2^7	$2^7 - 1$
short	2	-2^{15}	$2^{15} - 1$
int	4	-2^{31}	$2^{31} - 1$
long	8	-2^{63}	$2^{63} - 1$

Die Programmiersprache Java ordnet jeder Operation eine Priorität (einen Vorrang) zu. Operationen mit einer höheren Priorität werden vor Operationen mit einer niedrigeren Priorität ausgeführt. Die Priorität der Multiplikation und der Division ist höher als die Priorität der Addition und Subtraktion. Somit gilt auch in Java die bekannte Regel *Punktrechnung geht vor Strichrechnung* und man kann an vielen Stellen auf Klammern zum Festlegen der Reihenfolge von Berechnungen verzichten.

Es gibt in Java noch weitere Datentypen für ganze Zahlen, die sich jedoch von dem Datentyp `int` nur bezüglich der maximalen Größe der Zahlen und des erforderlichen Speicherplatzes unterscheiden. Die Tabelle 1.2 listet die verfügbaren ganzzahligen Datentypen von Java auf. Wir beschränken uns in diesem Buch auf den Datentyp `int`.

In Programmen kommt es häufig vor, dass man eine ganze Zahl um 1 vergrößern oder verkleinern muss. Für die ganzzahlige Variable i kann man dazu die Anweisungen

```
i = i + 1;
i = i - 1;
```

verwenden. Java stellt hierfür zusätzlich spezielle Inkrement- bzw. Dekrement-Operationen mit einer verkürzten Schreibweise zur Verfügung, bei denen die Wertänderung *ohne* ein Gleichheitszeichen erfolgt. Die folgenden drei Anweisungen

```
i = i + 1;        i++;        ++i;
```

1.3 Elementare Datentypen und Operationen

Tabelle 1.3 Beispiele für Inkrement und Dekrement

gegebene Werte i j k	Anweisung	Werte nach der Anweisung i j k
2 5 0	k = (i++) * (j--);	3 4 10
2 5 0	k = (++i) * (--j);	3 4 12

bewirken jeweils das Vergrößern der Variable i um den Wert 1. Analog wird der Wert von i mit jeder der drei Anweisungen

$$i = i - 1; \qquad i--; \qquad --i;$$

um den Wert 1 verkleinert.

Inkrement- bzw. Dekrement-Operationen können zusammen mit anderen Operationen in einem Ausdruck vorkommen. Dabei wird der ursprüngliche Wert von i im Falle von i++ bzw. i-- zur Berechnung des Ausdrucks verwendet. Durch ++i bzw. --i erreicht man, dass im Ausdruck der neue Wert von i verwendet wird. Die Tabelle 1.3 zeigt dafür Beispiele. Die Klammern in den Anweisungen der Tabelle 1.3 können weggelassen werden, da die Priorität der Inkrement- bzw. Dekrement-Operationen höher als die der Multiplikation ist.

Für Anweisungen, in denen eine Variable auf beiden Seiten des Gleichheitszeichens vorkommt, gibt es für viele Operationen eine verkürzte Schreibweise. Das Prinzip erkennt man aus den Beispielen in der Tabelle 1.4. Die beiden Anweisungen jeweils einer Zeile dieser Tabelle bewirken das gleiche Ergebnis.

Tabelle 1.4 Beispiel für die Kombination der Zuweisung mit einer Operation

ausführlich	verkürzt
i = i + 10;	i += 10;
i = i - (j + k);	i -= j + k;
i = i * (j - k);	i *= j - k;
i = i / (j + k * 17);	i /= j + k * 17;
i = i % (j - k / 17);	i %= j - k / 17;

Gleitkommazahlen. Der Java-Compiler erkennt eine Gleitkommazahl an einem Punkt (.) oder dem Kennzeichen (e bzw. E) einer 10er Potenz. Da hier ein Punkt als Trennzeichen dient, verwendet man mitunter auch den Begriff Gleitpunktzahl. Die erlaubten Darstellungen 1234.567 und 1.234567e3 haben den gleichen Wert. Sowohl die Gleitkommazahl als auch der Exponent können positiv oder negativ sein.

Java stellt uns zwei Datentypen für Gleitkommazahlen zur Verfügung: `float` und `double`. Diese unterscheiden sich durch die Anzahl der signifikanten Ziffern und den Maximalwert des Exponenten. Der Datentyp `float` benutzt intern vier Bytes (32 Bits) zur Darstellung der Zahl, beim Datentyp `double` sind es acht Bytes (64 Bits). Zur Unterscheidung von Konstanten dieser beiden Datentypen wird bei den `float`-Zahlen noch ein kleines f oder ein großes F angefügt, beispielsweise 1234.567f und 1.234567e3F.

Das Format der Ausgabe von Dezimalzahlen kann an die Erfordernisse angepasst werden. Die Tabelle 1.5 zeigt einige Beispiele dafür.

Für Gleitkommazahlen stehen die *Addition* (+), die *Subtraktion* (-), die *Multiplikation* (*) und die *Division* (/) in der gewohnten Weise zur Verfügung. Falls die Zahlen, die rechts und links von diesen Operationszeichen stehen, nicht übereinstimmen, sorgt der Java-Compiler dafür, dass vor der Ausführung der Operation die Zahl mit dem einfacheren Datentyp in das Format mit dem umfassenderen Datentyp umgewandelt wird. Wenn man sich vorher klar macht, welchen Datentyp man für sein Problem benötigt, kann man solche Umwandlungen vermeiden.

Tabelle 1.5 Varianten von Ausgabeanweisungen für die `double` Zahl x=9876.54321

Ausgabeanweisung	Anzeige
`System.out.printf("a1: %f\n", x);`	a1: 9876,543210
`System.out.printf("a2: %5.2f\n", x);`	a2: 9876,54
`System.out.printf("a3: %e\n", x);`	a3: 9,876543e+03
`System.out.printf("a4: %12.3e\n", x);`	a4: 9,877e+03

1.3 Elementare Datentypen und Operationen

Logische Daten. Der Datentyp `boolean` stellt uns die Konzepte der Aussagenlogik zur Verfügung. Es sind nur zwei Werte `true` und `false` (mit den Bedeutungen *wahr* und *falsch*) möglich.

Die Negation ist eine logische Operation, die auf eine Boolesche Variable angewendet wird. Als Wirkung der Negation wird der gegebene Wahrheitswert in sein Gegenteil umgewandelt: aus `true` wird `false`, aus `false` wird `true`. Das Operationszeichen für die Negation ist ein Ausrufezeichen (`!`) vor dem zu negierenden Booleschen Wert.

Das Programm in der Abbildung 1.6 erzeugt eine Tabelle für die Negation. In der Zeile 3 wird die Boolesche Variable `b` definiert. Die Zeilen 4 und 5 geben den Tabellenkopf aus. Das Steuerzeichen (`\t`) setzt den Ausgabekursor auf die nächste Position des Tabulators, so dass auch die Ergebniswerte in der gleichen Spalte beginnen.

In der Zeile 6 wird der Booleschen Variablen `b` der konstante Wert `true` zugewiesen. In der Zeile 7 wird nach einem Leerzeichen erst der Wert von `b` (also `true`) und dann der negierte Wert `!b` (also `false`) ausgegeben. Für die nächste Ausgabezeile benötigen wir den negierten Wert der Variablen `b`. Diese Negation wird in der Zeile 8 durch `!b` berechnet, und dieser neue Wert wird

```
 1  public class TabNegation{
 2    public static void main(String[] args) {
 3      boolean b;
 4      System.out.println(" b\t!b           ");
 5      System.out.println("--------------");
 6      b = true;
 7      System.out.println(" " + b + '\t' + !b );
 8      b = !b;
 9      System.out.println(" " + b + '\t' + !b );
10      System.out.println("--------------");
11    }
12  }
```

Abbildung 1.6 Tabelle für die Negation

Tabelle 1.6 Logische Funktionen für die Booleschen Variablen b1 und b2

Wert 1	Wert 2	Konjunktion	Disjunktion	Antivalenz
		und	oder	entweder ... oder
b1	b2	b1 && b2	b1 || b2	b1 ^ b2
true	true	true	true	false
true	false	false	true	true
false	true	false	true	true
false	false	false	false	false

wieder der Variablen b zugewiesen. Die Zeilen 7 und 9 stimmen überein. Wegen der in der Zeile 8 vorgenommenen Negation werden aber in der Zeile 9 die entgegengesetzten logischen Werte ausgegeben.

Nachdem wir die Tabelle für die Negation mit dem Java-Programm aus der Abbildung 1.6 erzeugt haben, schauen wir uns noch die logischen Operationen genauer an, die zwei Werte verknüpfen. Wir werden sie später zur Steuerung von Programmabläufen noch sehr oft benötigen.

In der Tabelle 1.6 sehen wir die Operationen für zwei logische Werte, deren Definition man immer zur Hand haben sollte. Die Verwendung von *und* (Konjunktion) entspricht dabei dem normalen Sprachgebrauch. Zu beachten ist, dass als Operationszeichen für die Konjunktion zwei Zeichen && direkt nebeneinander zu schreiben sind.

Man muss sich gelegentlich den Unterschied zwischen *oder* (Disjunktion) und *entweder ... oder* (Antivalenz) klar machen: die Disjunktion lässt zu, dass beide Operanden den Wert true annehmen, während bei der Antivalenz nur einer der beiden Werte den Wert true annehmen darf, damit der Gesamtwert true wird. Das Operationszeichen für die Disjunktion sind zwei direkt nebeneinander geschriebene Zeichen ||. Bei der Eingabe des Operationszeichens ^ für die Antivalenz gibt es eine Besonderheit zu beachten. Da dieses Zeichen in normalen Texten über einem Buchstaben erscheint, muss man beim Schreiben des Quelltextes nach dem Tippen der Taste ^ noch ein Leerzeichen eingeben, damit das Zeichen ^ für die Antivalenz angezeigt wird.

1.3 Elementare Datentypen und Operationen

Tabelle 1.7 Vergleichsoperationen

Name	mathematisches Symbol	Operationszeichen in Java
kleiner	$<$	<
kleiner gleich	$\leq$	<=
größer	$>$	>
größer gleich	$\geq$	>=
gleich	$=$	==
ungleich	$\neq$	!=

In der Tabelle 1.6 wird auch eine Besonderheit Boolescher Operationen sichtbar, die sich bei der Programmausführung auswirken kann. Wenn `b1` den Wert `false` besitzt, entsteht als Ergebniswert der Konjunktion unabhängig vom Wert von `b2` immer `false`. Deshalb wertet ein Java-Programm in diesem Fall den Ausdruck, der den zweiten Booleschen Wert einer Konjunktion ermittelt, gar nicht erst aus und nimmt folglich auch keine dort vorgeschriebenen Änderungen von Variablen vor. Analog wird bei einer Disjunktion vorgegangen, wenn der erste Wert `true` ist.

Boolesche Werte entstehen auch als Ergebnis von Vergleichsoperationen zwischen Zahlen oder auch zwischen den Kodierungen von Zeichen. Die Tabelle 1.7 zeigt alle in Java vorhandenen Vergleichsoperationen. Im Quelltext eines Java-Programms bestehen vier dieser sechs Operationszeichen aus zwei unmittelbar nebeneinander geschriebenen Zeichen. Besonders beachten muss man, dass für die Überprüfung auf Gleichheit zwei Gleichheitszeichen (==) nebeneinander geschrieben werden müssen. Wenn man aus Gewohnheit im Umgang mit mathematischen Formeln nur ein Gleichheitszeichen (=) in den Programmtext schreibt, so wird anstelle des Vergleichs eine Wertzuweisung vorgenommen!

Die Priorität der Vergleichsoperationen ist höher als die Priorität der Booleschen Operatoren. Deshalb kann man zum Beispiel, ohne die Klammern um die Vergleichsoperationen zu verwenden, mit dem Ausdruck

```
i > 0 && i < 10
```

ermitteln, ob die ganze Zahl `i` einen der Werte 1, 2, 3, 4, 5, 6, 7, 8 oder 9 hat.

Zeichen. Es gibt in Java die Möglichkeit, Zeichen zu verarbeiten. Zu den Zeichen gehören Kleinbuchstaben (a, b, ...), Großbuchstaben (A, B, ...), Ziffern (0, 1, ...), Operationszeichen (+, −, ...), Satzeichen (!, ?, ...) sowie weitere druckbare Zeichen (Zeichen anderer Sprachen) und auch nichtdruckbare Zeichen (Zeichen zur Steuerung von Geräten). Im Rechner wird jedem Zeichen ein Code zugeordnet. Java verwendet den Unicode, der $2^{16} = 65.536$ verschiedene Zeichen enthält. Zur Speicherung des Codes eines Zeichens werden somit 2 Byte aus je 8 Bit verwendet. Die Tabelle 1.8 zeigt einen kleinen Auszug aus dieser Codetabelle. Im Binärcode haben die Bits von links nach rechts die Werte $2^{15}, 2^{14}, 2^{13}, 2^{12}, 2^{11}, 2^{10}, 2^9, 2^8, 2^7, 2^6, 2^5, 2^4, 2^3, 2^2, 2^1, 2^0$.

Der Datentyp für ein Zeichen ist `char`. Die Definition der Variable c für ein Zeichen erfolgt durch

```
char c;
```

Im Programmtext werden Zeichen immer in Apostrophe eingeschlossen. Auf diese Weise kann Java das Zeichen '3' und die Zahl 3 voneinander unterscheiden. In der Anweisung

```
c = 'j';
```

wird das Zeichen 'j' der zuvor definierten Variable c zugewiesen. Als Ausgabe eines Zeichens erscheint natürlich nur das Zeichen ohne die Apostrophe.

Tabelle 1.8 Auszug aus dem Unicode

Zeichen	Dezimalwert	Binärcode
'0'	48	00000000 00110000
'1'	49	00000000 00110001
'2'	50	00000000 00110010
'A'	65	00000000 01000001
'B'	66	00000000 01000010
'C'	67	00000000 01000011
'a'	97	00000000 01100001
'b'	98	00000000 01100010
'c'	99	00000000 01100011

1.4 Eindimensionale und mehrdimensionale Felder

In unserem Beispiel zum Lösen einer quadratischen Gleichung gab es zwei Ergebniswerte, die wir einfach mit den Variablen `x1` und `x2` erfasst haben. Zur Speicherung und Verarbeitung der zu jeder vollen Stunde gemessenen Temperatur eines Tages würden wir 24 Variablen benötigen, und wenn wir die mittleren Temperaturen der Tage eines Jahres speichern und verarbeiten möchten, brauchen wir schon 365 Variable. Anstelle von so vielen einzelnen Variablen ist es einfacher, ein Feld zu verwenden, das die benötigte Anzahl von Werten unter *einem* Namen und einem zusätzlichen *Index* speichert.

Java stellt uns zu diesem Zweck den erweiterten Datentyp *Feld* zur Verfügung, der auch als *Vektor* oder *Array* bezeichnet wird. Ein Feld fasst beliebig viele Werte vom *gleichen Datentyp* unter einem Namen zusammen. Dieser Name ist in Java nur eine Referenzvariable, die auf ein Feld verweisen kann, und nicht das Feld selbst! Die Referenzvariable `temperatur`, die den Zugriff auf mehrere Temperaturen vom Typ `double` ermöglichen soll, definiert man durch

```
double [] temperatur;
```

In dieser Definition sind die eckigen Klammern das Kennzeichen dafür, dass die Variable `temperatur` eine Referenz (ein Verweis) auf ein Feld von Werten des Datentyps `double` ist. Weder das Feld selbst noch die Anzahl der in dem Feld zu speichernden Werte wird mit dieser Definition festgelegt. Hieraus ergibt sich der große Vorteil, dass man über die Größe des Feldes auch während der Programmausführung entscheiden kann.

Ein Feld, das die Temperaturen zu jeder vollen Stunde eines Tages speichern kann, wird mit dem Operator `new` wie folgt definiert:

```
temperatur = new double [24];
```

Dabei wird in dieser Ergibt-Anweisung der Referenzvariablen `temperatur` der Verweis auf das neu erzeugte Feld von 24 `double`-Werten zugewiesen.

Nachdem der Referenzvariablen `temperatur` der Verweis auf das erzeugte Feld zugeordnet wurde, kann man mit

> `temperatur[0], temperatur[1], ..., temperatur[23]`

auf die 24 `double`-Werte des Feldes zugreifen. Der kleinste Indexwert ist grundsätzlich 0, und der größte Indexwert ist immer um Eins kleiner als die Anzahl der Elemente des Feldes. Um Fehler zu vermeiden, wird bei jedem Zugriff auf ein Feldelement geprüft, ob der Index im gültigen Bereich liegt. Dazu wird das Attribut `length` verwendet, das die Anzahl der durch den Operator `new` definierten Elemente für jedes Feld als konstanten Wert speichert. Auf dieses Attribut eines Feldes kann man immer lesend zugreifen. Für unser Beispiel der Temperaturen an einem Tag erhält man für

> `temperatur.length`

den Wert 24. Die Definition der Referenzvariablen eines Feldes und die Definition des zugehörigen Feldes selbst kann man in einer Anweisung vornehmen. Für unser Beispiel der Temperaturen eines Tages sieht diese Definition wie folgt aus:

> `double [] temperatur = new double [24];`

Wenn man schon die im Feld zu speichernden Werte kennt, so kann Java, ausgehend von diesen Werten, ein Feld erzeugen und sofort mit den vorgegebenen Werten initialisieren. Wir nehmen als neues Beispiel an, dass wir in einem Programm direkt auf die Zweierpotenzen $2^0, \ldots, 2^5$ als Elemente eines Feldes zugreifen möchten. Die Definition dieses Feldes könnte wie folgt aussehen:

> `int [] zp = {1,2,4,8,16,32};`

Felder bilden bekannte Strukturen aus der Mathematik nach. Ein eindimensionales Feld entspricht einem Vektor. Java beschränkt die Anzahl der Indizes eines Feldes nicht. Mit einem zweidimensionalen Feld kann somit eine Matrix im Programm nachgebildet werden. In einem Java-Programm ist ein zweidimensionales Feld ein Feld, dessen Elemente eindimensionale Felder sind.

Eine Matrix mit drei Zeilen und vier Spalten, deren Elemente ganze Zahlen sind, kann man in einem Java-Programm wie folgt definieren:

> `int [][] matrix = new int [3][4];`

1.4 Eindimensionale und mehrdimensionale Felder

Falls die Werte der Matrixelemente bekannt sind, kann das entsprechende zweidimensionale Feld im Java-Programm auch ausgehend von den gegebenen Werten definiert werden, ohne dass man vorher die Anzahl der Zeilen und Spalten definieren müsste. Für die Matrix

$$\begin{bmatrix} 1 & 3 & 5 & 7 \\ 2 & 4 & 6 & 8 \\ 3 & 7 & 11 & 15 \end{bmatrix}$$

wird durch

```
int [][] matrix = { {1,3,5,7}, {2,4,6,8}, {3,7,11,15} };
```

- die Referenzvariable `matrix` auf ein zweidimensionales Feld von ganzen Zahlen (`int`) definiert,
- ein zweidimensionales Feld aus drei Zeilen und vier Spalten definiert,
- werden die vorgegebenen Werte in die zugehörigen Feldelemente übertragen und
- wird der Referenzvariablen `matrix` der Verweis auf das erzeugte zweidimensionale Feld zugeordnet.

Auf das linke Element der oberen Matrixzeile greift man mit

```
matrix[0][0]
```

zu, und für die soeben definierte Matrix erreicht man das rechte Element in der unteren Zeile durch

```
matrix[2][3]
```

Die Anzahl der Elemente des ersten Index (Anzahl der Zeilen) erhält man durch

```
matrix.length
```

Die Anzahl der Elemente des zweiten Index (Anzahl der Spalten) kann für jede Zeile der Matrix abgefragt werden; durch

```
matrix[0].length
```

erhält man für die Zeile mit dem Index 0 den Wert 4.

1.5 Aufgaben

Aufgabe 1.1. Führen Sie alle Schritte vom Editieren bis zum Ausführen des Java-Programms aus der Abbildung 1.2 aus. Was erscheint beim Kompilieren und Ausführen als Ausgabe auf dem Bildschirm?

Aufgabe 1.2. Welche Werte x1 und x2 gibt das Programm aus der Abbildung 1.3 aus?

Aufgabe 1.3. Führen Sie das Programm aus der Abbildung 1.4 für verschiedene Werte von p und q aus. Für welche Werte von p und q ergeben sich gleiche Werte für x1 und x2? Für welche Werte von p und q gibt es keine reellen Lösungen für x1 und x2, so dass jeweils NaN angezeigt wird?

Aufgabe 1.4. Schreiben Sie ein Programm, das nacheinander alle in der Tabelle 1.1 angegebenen Operationen für die ganzen Zahlen i=11 und j=4 ausführt und die Ergebnisse anzeigt. Ganzzahlige Werte werden an den Stellen ausgegeben, wo %d (Dezimalzahl) in der Formatzeichenkette der printf()-Methode steht. Welche Ergebniswerte entstehen?

Aufgabe 1.5. Schreiben Sie ein Programm, das nacheinander alle in der Tabelle 1.1 angegebenen Operationen für die Gleitkommazahlen a=6.6 und b=2.1 ausführt und die Ergebnisse in einem einheitlichen Format mit drei Stellen nach dem Komma anzeigt. Welche Werte entstehen? Interpretieren Sie die Ergebnisse der letzten beiden Operationen.

Aufgabe 1.6. Was wird auf dem Bildschirm beim Ausführen des Programms aus der Abbildung 1.6 angezeigt?

Aufgabe 1.7. Es seien drei initialisierte Variablen int i = 9;, double a = 6.3e-1; und char c = 'y'; gegeben. Ist der Wert des Ausdrucks

$$(((5 >= i) \;||\; (5.1e-2 < a))\;\&\&\;('x' == c))$$

wahr oder falsch? Kontrollieren Sie Ihr Ergebnis mit einem Java-Programm.

2 Die Steuerung des Programmablaufes

2.1 Strukturierte Programmierung

Wir verfügen schon über eine große Zahl von Möglichkeiten, die wir zur Programmierung verwenden können. Dabei konnten wir bisher davon ausgehen, dass jede Anweisung genau einmal in der im Programm vorgegebenen Reihenfolge ausgeführt wird. Es war also ausreichend, eine *sequentielle* Verarbeitung der einzelnen Anweisungen vorzunehmen.

Eine solche *Sequenz* von Anweisungen können wir uns wie eine Perlenschnur vorstellen. Sie hat genau einen Anfang, genau ein Ende, und die dazwischen befestigten Perlen entsprechen unseren Anweisungen.

Es kann aber vorkommen, dass wir in Abhängigkeit von einer Bedingung verschiedene Anweisungen ausführen müssen. Bei einer solchen *Alternative* kommt es zu einer Verzweigung im Programmablauf. Übertragen auf das gedachte Perlenmodell gibt es bei der Alternative mehrere Fäden, die am Anfang und am Ende verknotet sind und jeweils eine Perle enthalten. Für diese Programmstruktur gibt es also wieder genau einen Anfang, genau ein Ende und dazwischen alternativ ausführbare Anweisungen.

Weiterhin kann es vorkommen, dass wir in Abhängigkeit von einer Bedingung eine Anweisung wiederholt ausführen müssen. Bei einer solchen *Iteration* entsteht ein Zyklus im Programmablauf, bei dem eine Bedingung über das Verlassen des Zyklus entscheidet. Auch hier gibt es also wieder genau einen Anfang, genau ein Ende und dazwischen wiederholt auszuführende Anweisungen.

Da jede dieser drei Programmstrukturen genau einen Anfang und genau ein Ende hat, können wir sie beliebig miteinander kombinieren. Jede dieser drei Programmstrukturen wirkt also von außen gesehen wie eine einzelne Anweisung und kann deshalb als solche in jeder dieser drei Programmstrukturen verwendet werden. Das bedeutet, dass jede der in Abhängigkeit von einer bestimmten Bedingung auszuführende Anweisung eine Alternative, eine Sequenz (Anweisungsfolge), eine Iteration (Zyklus) oder selbst wieder eine Alternative sein kann. Analoges gilt für die Anweisung in einer Iteration (Zyklus) und auch für jede Anweisung in einer Sequenz (Anweisungsfolge). Es ist bekannt, dass jeder mit einem Programm realisierbare Algorithmus nur die drei Programmstrukturen

- Sequenz,

- Alternative und

- Iteration

benötigt. Java besitzt für diese drei grundlegenden Programmstrukturen die erforderlichen Ausdrucksmöglichkeiten und ermöglicht somit eine *strukturierte Programmierung*.

2.2 Sequenz

Eine Sequenz ist eine sequentielle Folge von Anweisungen, die in der Reihenfolge ihres Vorkommens im Programm ausgeführt werden. Die einzelnen Anweisungen bestehen aus einem Ausdruck, nach dem ein Semikolon ; als Endekennzeichen steht. Die `main()`-Methoden der bisherigen Beispielprogramme enthielten nur Sequenzen von Anweisungen.

Ein zu realisierender Algorithmus erfordert es mitunter, dass eine Sequenz von Anweisungen an einer Stelle ausgeführt werden muss, wo die Regeln der Programmiersprache (die Syntax) nur eine einzige Anweisung zulässt. In Java wird eine Sequenz von Anweisungen zu *einer Anweisung* zusammengefasst, indem diese Anweisungen in geschweifte Klammern { } eingeschlossen werden. Zu beachten ist, dass nach der schließenden geschweiften Klammer kein Semikolon steht. In einem durch die geschweiften Klammern gebildeten *Block* dürfen auch Variablen definiert werden, die nur in dem Block gültig sind.

2.3 Alternative

Die Verarbeitung der Daten kann von ganz unterschiedlichen Bedingungen abhängen. Als Beispiel für eine alternative Abarbeitung unterschiedlicher Programmzweige schauen wir uns das Programm in der Abbildung 2.1 an.

Die Bedeutung der Zeilen 1 bis 10 ist uns schon bekannt. Die Zeile 11 beginnt mit einem englischen **if** (auf Deutsch *falls*), gefolgt von (`w < 0.0`). Die runden Klammern sind vorgeschrieben. Sie enthalten die Bedingung, durch die entschieden wird, mit welcher Anweisung die Abarbeitung des Programms fortgesetzt wird. Mit einem Wert für `w` ergibt sich an dieser Stelle entweder der Wert **true** oder der Wert **false**. Falls der Wert **true** entsteht, wird die

```java
import java.util.Scanner;
public class QuadGleichung3{
  public static void main(String[] args) {
    double p, q, x1, x2, w, z;
    Scanner scanner = new Scanner(System.in);
    System.out.print("Eingabe von p: ");
    p=scanner.nextDouble();
    System.out.print("Eingabe von q: ");
    q=scanner.nextDouble();
    w = p*p/4-q;
    if (w < 0.0)
      System.out.println("keine reelle Wurzel");
    else {
      System.out.println("eine oder zwei reelle Wurzeln");
      z = Math.sqrt(w);
      x1 = -p/2 + z;
      x2 = -p/2 - z;
      System.out.println("x1=" + x1);
      System.out.println("x2=" + x2);
    }
  }
}
```

Abbildung 2.1 Programm zur Lösung einer quadratischen Gleichung

Anweisung der Zeile 12 ausgeführt, und die Anweisung nach `else`, d.h. der gesamte Block der Zeilen 14 bis 20, wird übergangen. In diesem Programm ist die `if-else`-Anweisung die letzte Anweisung der `main()`-Methode, so dass das Programm beim Erreichen der Zeile 21 beendet wird.

Falls der Test (`w < 0.0`) den Wert `false` ergibt, dann wird die Anweisung im `else`-Zweig der Alternative ausgeführt. In dem Programm in der Abbildung 2.1 ist diese Anweisung ein Block, der mit der geschweiften Klammer in der Zeile 13 beginnt, die Sequenz der Anweisungen der Zeilen 14 bis 19 enthält und mit der geschweiften Klammer in der Zeile 20 endet. Für `else` kann man die Übersetzung *ansonsten* verwenden.

Nun wollen wir noch die Doppellösung von der einfachen Lösung trennen. Die Abbildung 2.2 zeigt das zugehörige Programm. Wenn der `else`-Zweig der ersten `if-else`-Anweisung ausgeführt wird, ist bekannt, dass die quadratische Gleichung eine oder zwei Lösungen hat. Es hängt vom Wert der Variablen `w` ab, ob es eine Lösung oder zwei Lösungen gibt. Also verwenden wir im `else`-Zweig der ersten `if-else`-Anweisung in den Zeilen 14 bis 28 eine weitere `if-else`-Anweisung.

Wenn sich für die Bedingung (`w == 0.0`) (man beachte das doppelte `==`) der Wert `true` ergibt, so hat die quadratische Gleichung nur eine Lösung, die in dem Block in den Zeilen 15 bis 19 berechnet und ausgegeben wird. Für diese Berechnung wird nur eine Variable `x` benötigt, die wir lokal für diesen Block in der Zeile 15 definiert haben.

Der `else`-Zweig der zweiten `if-else`-Anweisung wird ausgeführt, wenn `w` größer als `0.0` ist und es folglich zwei Lösungen gibt. Die Anweisung in diesem Zweig umfasst wieder eine Sequenz von Anweisungen in dem Block der Zeilen 21 bis 28. Die nur in diesem Block benötigten Variablen `x1`, `x2` und `z` sind am Anfang des Blockes in der Zeile 21 definiert.

Die allgemeine Syntax der `if-else`-Anweisung

> `if` (*Bedingung*) *Anweisung1* `else` *Anweisung2*

2.3 Alternative

```java
import java.util.Scanner;
public class QuadGleichung4{
  public static void main(String[] args) {
    double p, q, w;
    Scanner scanner = new Scanner(System.in);
    System.out.print("Eingabe von p: ");
    p=scanner.nextDouble();
    System.out.print("Eingabe von q: ");
    q=scanner.nextDouble();
    w = p*p/4-q;
    if (w < 0.0)
      System.out.println("keine reellen Wurzeln");
    else
      if (w == 0.0) {
        double x;
        System.out.println("eine reelle Wurzel");
        x = -p/2;
        System.out.println("x=" + x);
      }
      else {
        double x1, x2, z;
        z = Math.sqrt(w);
        System.out.println("zwei reelle Wurzeln");
        x1 = -p/2 + z;
        x2 = -p/2 - z;
        System.out.println("x1=" + x1);
        System.out.println("x2=" + x2);
      }
  }
}
```

Abbildung 2.2 Vollständige Fallunterscheidung für die Gleichung $x^2 + px + q = 0$

beschreibt eine vollständige Alternative. Falls man die *Anweisung2* nicht benötigt, so kann man die bedingte Ausführung einer Anweisung durch die `if`-Anweisung

`if` (*Bedingung*) *Anweisung*

erreichen, in der der komplette `else`-Zweig entfällt.

2.4 Iteration

Als dritte strukturierte Anweisung benötigen wir die Möglichkeit, eine Anweisung so oft wiederholt auszuführen, bis eine Bedingung nicht mehr erfüllt ist. Für solche Iterationen, für die auch die Begriffe Schleife oder Zyklus verwendet werden, stellt Java verschiedene Realisierungsmöglichkeiten zur Verfügung.

Bei einer `while`-Anweisung

<code>while</code> (Bedingung) Anweisung

wird die Anweisung, die nach der schließenden runden Klammer folgt, so lange wiederholt, wie die Bedingung erfüllt ist. Damit die `while`-Anweisung beendet wird, muss die Anweisung die Variablen der Bedingung so verändern, dass die Bedingung nicht mehr erfüllt ist.

Das Programm in der Abbildung 2.3 berechnet die Summe der ganzen Zahlen 1 bis 10 durch wiederholte Additionen in einer `while`-Anweisung. Vor der Ausführung der `while`-Anweisung werden die darin benötigten Variablen `i` und `summe` in den Zeilen 4 und 5 mit Anfangswerten initialisiert. Das Schlüsselwort ist `while` – auf Deutsch etwa *solange ... wie*. Danach folgt eine Bedingung, die für den Wert 1 der Variable `i` am Anfang den Wert `true` hat. Nach dieser

```
1  public class Summe1{
2    public static void main(String[] args) {
3      int i, summe;
4      i = 1;
5      summe = 0;
6      while (i <= 10) {
7        summe = summe + i;
8        i++;
9      }
10     System.out.println("1+2+3+4+5+6+7+8+9+10 = " + summe);
11   }
12 }
```

Abbildung 2.3 Summe der ganzen Zahlen 1 bis 10 mit einer `while`-Anweisung

2.4 Iteration

Bedingung steht die wiederholt auszuführende Anweisung, die hier die Sequenz der Anweisungen der Zeilen 7 und 8 als Block zusammenfasst. Anschließend wird die Bedingung der Schleife in der Zeile 6 erneut geprüft. Die Zeilen 7 und 8 werden so oft wiederholt, bis sich als Ergebnis der Bedingung in der Zeile 6 der Wert `false` ergibt und deshalb die Schleife verlassen und die nachfolgende Anweisung in der Zeile 10 ausgeführt wird.

In diesem einfachen Beispiel wird das grundlegende Schema für Iterationen klar ersichtlich.

- Die in der `while`-Anweisung benötigten Variablen müssen *vorher* initialisiert werden.

- Außer der wiederholt auszuführenden Berechnung muss *innerhalb* der `while`-Anweisung eine Variable so verändert werden, dass die Bedingung den Wert `false` annimmt und deshalb die `while`-Anweisung verlassen wird.

Bei einer `while`-Anweisung wird die Bedingung geprüft, *bevor* die zu wiederholende Anweisung ausgeführt wird. Wenn die Bedingung einer `while`-Anweisung schon bei der ersten Überprüfung den Wert `false` ergibt, wird die zur Wiederholung vorgesehene Anweisung überhaupt nicht ausgeführt.

In Java gibt es auch die `do-while`-Anweisung zur Iteration, bei der die zu wiederholende Anweisung *wenigstens einmal* ausgeführt und die Bedingung erst *danach* geprüft wird. Bei der `do-while`-Anweisung

> do *Anweisung* `while` (*Bedingung*);

ist zu beachten, dass am Ende nach der Bedingung noch ein Semikolon steht.

Im Programm in der Abbildung 2.4 verwenden wir eine `do-while`-Anweisung zur Berechnung der Quadratwurzel von 9.0. Der realisierte Algorithmus interpretiert den gegebenen Wert `x = 9.0` als Flächeninhalt eines Rechtecks, dessen Seitenlängen `h` und `wurzel`, ausgehend von den Werten 9.0 und 1.0, wiederholt so verändert werden, dass sie sich dem gesuchten Wert der Quadratwurzel mit hoher Genauigkeit nähern. Dabei muss die Berechnung des Mittelwertes der

```
 1  public class Quadratwurzel{
 2    public static void main(String[] args) {
 3      double wurzel, x, h;
 4      h = x = 9.0;
 5      wurzel = 1.0;
 6      do {
 7        wurzel = (wurzel + h) / 2.0;
 8        h = x / wurzel;
 9      } while (wurzel - h > 0.00000000001);
10      System.out.println("Quadratwurzel("+x+") = " + wurzel);
11    }
12  }
```

Abbildung 2.4 Berechnung der Quadratwurzel von 9.0

aktuellen Seitenlängen als bessere Näherung für `wurzel` in der Zeile 7 und die Anpassung der anderen Seitenlänge `h` in der Zeile 8 wenigstens einmal ausgeführt werden. Deshalb wird in diesem Programm eine `do-while`-Anweisung verwendet, in der am Ende geprüft wird, ob die geforderte Genauigkeit erreicht wurde. Wenn diese Differenz der beiden Seitenlängen noch größer als der in der Zeile 9 angegebene sehr kleine Wert ist, so wird die Sequenz der Anweisungen der Zeilen 7 und 8 wiederholt ausgeführt.

Häufig wissen wir, wie oft eine bestimmte Anweisung ausgeführt werden soll. In diesem Fall ist die `for`-Anweisung sehr nützlich. Die `for`-Anweisung

> `for` (*Initialisierung*; *Bedingung*; *nächsterFall*) *Anweisung*

hat die gleiche Wirkung wie das folgende Programmfragment

> *Initialisierung*;
> `while` (*Bedingung*) {
>   *Anweisung*
>   *nächsterFall*;
> }

mit einer `while`-Anweisung, in dem die Ausdrücke *Initialisierung* und *nächsterFall* durch das jeweils nachfolgende Semikolon zu Anweisungen werden.

2.4 Iteration

```
1  public class Summe2{
2    public static void main(String[] args) {
3      int i, summe;
4      for (i = 1, summe = 0; i <= 10; i++)
5        summe = summe + i;
6      System.out.println("1+2+3+4+5+6+7+8+9+10 = " + summe);
7    }
8  }
```

Abbildung 2.5 Summe der ganzen Zahlen 1 bis 10 mit einer `for`-Anweisung

Das Programm in der Abbildung 2.5 berechnet die Summe der ganzen Zahlen von 1 bis 10 unter Verwendung einer `for`-Anweisung. Der Vergleich mit dem analogen Programm aus der Abbildung 2.3 zeigt, dass das Programm bei gleicher Wirkung statt 12 nur 8 Zeilen benötigt, wenn eine `for`-Anweisung anstelle der `while`-Anweisung verwendet wird. In dieser `for`-Anweisung werden zwei initialisierte Werte benötigt. Wie man im Initialisierungsteil in der Zeile 4 sehen kann, können mehrere Variable separat initialisiert werden, wobei die einzelnen Initialisierungen durch ein Komma getrennt werden.

Als zu wiederholende Anweisung wird nur noch die Berechnung der Summe in der Zeile 5 benötigt, so dass auf eine Sequenz von Anweisungen in einem Block verzichtet werden kann. Die Abbruchbedingung für diese Schleife steht zwischen den beiden Semikolons innerhalb der runden Klammern in der Zeile 4. Nachdem die zu wiederholende Anweisung der Zeile 5 ausgeführt wurde, wird als nächstes die Vorbereitung für den nächsten Fall durch `i++` realisiert und erst dann erneut die Abbruchbedingung überprüft.

Am Beispiel der Berechnung der Summe der geraden Zahlen von 2 bis 10 schauen wir uns nun mögliche Variationen einer `for`-Anweisung an. Die Abbildung 2.6 zeigt das zugehörige Programm. Die Variable `summe` wird gleich bei der Definition in der Zeile 3 mit dem Wert 0 initialisiert. Die für die Iteration benötigte Variable `i` wird im Initialisierungsteil der `for`-Anweisung definiert und gleich mit dem Wert 2 initialisiert. Hierbei ist zu beachten, dass diese Variable nur innerhalb der `for`-Anweisung bekannt ist. Da wir die Summe der geraden Zahlen berechnen wollen, muss zur Variable `i` jeweils 2 addiert wer-

```
1  public class Summe3{
2    public static void main(String[] args) {
3      int summe = 0;
4      for (int i = 2; i <= 10; i+=2)
5        summe = summe + i;
6      System.out.println("2+4+6+8+10 = " + summe);
7    }
8  }
```

Abbildung 2.6 Summe der geraden Zahlen 2 bis 10 mit einer `for`-Anweisung

den. Als Ausdruck zur Berechnung des nächsten Falls könnte man dazu i=i+2 schreiben. Die in dem Ausdruck *nächsterFall* verwendete Schreibweise i+=2 ist eine in Java erlaubte Kurzform davon. In analoger Weise kann man alle arithmetischen Operationen verwenden (siehe Tabelle 1.4).

Die `for`-Anweisung eignet sich sehr gut zur Verarbeitung von Feldern, da man die in jedem Durchlauf der Schleife geänderte Variable als Index eines Feldes verwenden kann. Nehmen wir zum Beispiel an, dass ein Feld von **double**-Werten die in gleichen Abständen an einem Tag gemessenen Temperaturen einer Messstelle enthält und wir die Mitteltemperatur für diesen Tag berechnen sollen. Das Programm in der Abbildung 2.7 zeigt die Lösung dieser Aufgabe mit Hilfe einer `for`-Anweisung.

Das Feld `temperatur` wird in der Zeile 3 mit den sechs gemessenen Temperaturen definiert und initialisiert. In der Zeile 4 definieren wir die Variable `tm`, die am Ende der Berechnung den gesuchten Mittelwert der Temperaturen enthalten soll. Diese Variable wird auch gleich mit dem Wert 0.0 initialisiert. Zur Berechnung des Mittelwertes müssen alle Werte aus dem Feld `temperatur` addiert werden; danach wird die erhaltene Summe durch die Anzahl der Feldelemente dividiert.

Die Addition aller **double**-Werte des Felds `temperatur` wird in der `for`-Anweisung in den Zeilen 5 und 6 vorgenommen. Als Index für den Zugriff auf die Feldelemente wird die Variable `i` verwendet, die in der `for`-Anweisung definiert und mit 0 initialisiert wird. In der Zeile 6 wird zur bisher auf der Variable `tm`

2.4 Iteration

```
1   public class Mitteltemperatur{
2     public static void main(String[] args) {
3       double temperatur [] = {6.3, 11.7, 19.2, 21.5, 16.8, 8.4};
4       double tm = 0.0;
5       for (int i = 0; i < temperatur.length; i++)
6         tm += temperatur[i];
7       tm /= temperatur.length;
8       System.out.printf("Mitteltemperatur =   %5.2f\n", tm);
9     }
10  }
```

Abbildung 2.7 Mitteltemperatur der Temperaturmesswerte aus einem Feld

gespeicherten Summe von Feldelementen der Wert des Feldelements mit dem Index i addiert. Anstelle der Langform `tm = tm + temperatur[i];` wird dazu wieder die verkürzte Schreibweise mit dem Operator `+=` verwendet.

Durch den Vergleich von `i` mit der Anzahl der Feldelemente werden die wiederholten Additionen beendet, wenn alle Feldelemente berücksichtigt wurden. Abschließend müssen wir die berechnete Summe `tm` noch durch die Anzahl der Feldelemente `temperatur.length` dividieren. In der Zeile 7 verwenden wir wiederum anstelle der Langform `tm = tm / temperatur.length;` die verkürzte Schreibweise mit dem Operator `/=`. Die berechnete Mitteltemperatur wird in der Zeile 8 mit zwei Nachkommastellen ausgegeben.

Jede der drei Anweisungen zur Iteration ist von außen gesehen genau eine Anweisung. Man kann deshalb entsprechend den Regeln der strukturierten Programmierung auch eine Schleifen-Anweisung als zu wiederholende Anweisung einer anderen Schleifen-Anweisung verwenden. Solche Schachtelungen von Iterationen treten zum Beispiel bei der Verarbeitung von Matrizen auf.

Das Programm in der Abbildung 2.8 zeigt als Beispiel die Berechnung der Zeilensummen einer Matrix und deren Speicherung in einem Vektor. Die Matrix besteht in diesem Beispiel aus drei Zeilen und vier Spalten. Sie wird in der Zeile 3 definiert und auch gleich initialisiert. Zur Speicherung der Zeilensummen wird in der Zeile 4 ein Feld für drei ganze Zahlen definiert. In der **for**-Anweisung

```
 1  public class Zeilensummen{
 2    public static void main(String[] args) {
 3      int matrix[][] = {{3, 5, 7, 9}, {2, 3, 8, 9}, {1, 4, 6, 9}};
 4      int zs [] = new int[3];
 5      for (int i = 0; i < matrix.length; i++) {
 6        zs[i] = 0;
 7        for (int j = 0; j < matrix[i].length; j++)
 8          zs[i] += matrix[i][j];
 9        System.out.printf("zs[%d] =   %d\n", i, zs[i]);
10      }
11    }
12  }
```

Abbildung 2.8 Zeilensummen einer Matrix

der Zeile 5 wird über die Zeilen des zweidimensionalen Feldes `matrix` iteriert und dazu die Variable `i` verwendet.

Die dreimal zu wiederholende Anweisung der Zeile 5 besteht aus einer Sequenz von 3 Anweisungen, zu der die Ergibt-Anweisung in der Zeile 6, die innere `for`-Anweisung in den Zeilen 7 und 8 sowie der Funktionsaufruf in der Zeile 9 gehören. Sie sind mit geschweiften Klammern zu einem Block zusammengefasst und werden deshalb gemeinsam, gesteuert von der `for`-Anweisung der Zeile 5, wiederholt ausgeführt. In der Zeile 6 wird das zu berechnende Feldelement des Vektors `zs` mit dem Wert 0 initialisiert. Es schließt sich in den Zeilen 7 und 8 die innere `for`-Anweisung an, in der mit der Variablen `j` über die Elemente der Matrixzeile mit dem Index `i` iteriert und mit der viermal auszuführenden Anweisung der Zeile 8 eine der gesuchten Zeilensummen berechnet wird. Zur Kontrolle wird das berechnete Feldelement des Ergebnisvektors in der Zeile 9 ausgegeben.

Beim Programmieren von Schleifen muss man sehr sorgfältig vorgehen. Wenn die Abbruchbedingung einer Schleife nicht den Wert `false` annimmt, so kann die Schleife nicht verlassen werden und das Ende des Programms wird nicht erreicht. Falls eine solche *Endlosschleife* vorliegt, kann man das Programm nur durch einen Eingriff auf der Betriebssystemebene abbrechen, z.B. durch die Tastenkombination `(Ctrl)+(C)`.

2.5 Weitere Steueranweisungen

Es kann vorkommen, dass unter einer bestimmten Bedingung die verbleibenden Anweisungen einer Sequenz innerhalb einer Schleife übersprungen und sofort mit dem nächsten Schleifendurchlauf begonnen werden soll. Die Steueranweisung

$$\texttt{continue;}$$

hat diese Wirkung.

Die Überprüfung, ob eine Schleife verlassen werden soll, erfolgt bei der `while`-Anweisung und der `for`-Anweisung am Anfang und bei der `do-while`-Anweisung am Ende. Es kann vorkommen, dass eine Schleife in Abhängigkeit von einer inneren Bedingung sofort abgebrochen werden soll. Die Steueranweisung

$$\texttt{break;}$$

hat diese Wirkung. Die Abbildung 2.9 zeigt die Anwendung von `break` zum Primzahltest. Wenn der Rest der Division mit einer kleineren Zahl gleich 0 ist, kann auf weitere Überprüfungen verzichtet und die Schleife sofort beendet werden.

```java
public class Primzahl{
  public static void main(String[] args) {
    int zahl = 45;
    boolean primzahl = true;
    for(int i = 2; i < zahl - 1; i++)
      if (zahl % i == 0) {
        primzahl = false;
        break;
      }
    if (primzahl)
      System.out.println(zahl + " ist eine Primzahl");
    else
      System.out.println(zahl + " ist keine Primzahl");
  }
}
```

Abbildung 2.9 Primzahltest mit `break` zum Abbruch einer `for`-Anweisung

2.6 Aufgaben

Aufgabe 2.1. Bestimmen Sie für alle drei Fälle des Ablaufes des Programms aus der Abbildung 2.2 mögliche Eingabewerte. Dokumentieren Sie dafür die Ausgaben des Programms.

Aufgabe 2.2. Schreiben Sie ein Programm, mit dem gesteuert durch eine Auswahl das Volumen einer Kugel (Auswahl = 1) oder das Volumen eines Zylinders (Auswahl = 2) berechnet wird. Wenn eine falsche Eingabe des Wertes der Auswahl vorliegt, soll das Volumen einer Kugel berechnet werden.

Aufgabe 2.3. Schreiben Sie ein Programm, das den Wert $n!$ als `int`-Zahl für einen eingegebenen Wert von n berechnet. Der Wert dieser Funktion (Fakultät) ist als Produkt der ganzen Zahlen von 1 bis n definiert. Was ist der größte Wert von n, mit dem $n!$ in einer Variablen vom Typ `int` gespeichert werden kann?

Aufgabe 2.4. Schreiben Sie ein Programm, das die Matrix

$$M = \begin{bmatrix} 0 & 1 & 2 & 3 \\ 1 & 2 & 3 & 4 \\ 2 & 3 & 4 & 5 \end{bmatrix}$$

transponiert und die transponierte Matrix sowohl speichert als auch anzeigt. Die Spalten einer transponierten Matrix enthalten die Zeilen der ursprünglichen Matrix.

$$M^T = \begin{bmatrix} 0 & 1 & 2 \\ 1 & 2 & 3 \\ 2 & 3 & 4 \\ 3 & 4 & 5 \end{bmatrix}$$

Aufgabe 2.5. Erweitern Sie das Programm aus der Abbildung 2.9 so, dass die Anzahl der Primzahlen, die kleiner als 1000 sind, ausgegeben wird. Wie viele solche Primzahlen gibt es?

3 Objektorientierte Programmierung

3.1 Objekte

Das Prinzip der objektorientierten Programmierung besteht in der Nachbildung der Realität durch ein Programm. Reale Objekte bilden wir auf Objekte im Programm ab. Ein Beispiel für ein Objekt aus der Geometrie ist ein Kreis.

Jedes Objekt ist durch seine Eigenschaften gekennzeichnet. Bei einem Kreis könnten diese Eigenschaften die Koordinaten des Mittelpunkts und der Radius sein. In der objektorientierten Programmierung nennen wir diese Eigenschaften Attribute. Jedes Objekt wird durch konkrete Werte der Attribute charakterisiert.

Objekte besitzen außerdem ein Verhalten. Durch die Veränderung des Mittelpunkts kann der Kreis zum Beispiel eine neue Position einnehmen. In einem objektorientierten Programm spezifizieren Operationen das Verhalten der Objekte. Die Implementierung einer Operation wird als Methode bezeichnet. Da sich alle Objekte einer Art auch gleich verhalten, verwenden alle Objekte dieser Art auch gemeinsam die einmal implementierten Methoden.

Die Menge aller Objekte können wir bezüglich der Art der Objekte klassifizieren. In einer geometrischen Konstruktion gehören zum Beispiel alle Kreise zu einer Klasse und alle Geraden zu einer anderen Klasse. Die Strukturierung in Klassen bildet die Grundlage der objektorientierten Programmierung. Eine Klasse in einem Java-Programm können wir uns als Schablone vorstellen, die festlegt, wie Objekte dieser Klasse aufzubauen sind und wie sie sich verhalten sollen.

Eine Klasse ist somit ein Datentyp, für den man analog zu den elementaren Datentypen im Programm Variablen definieren kann. In einem Java-Programm gibt es einen grundlegenden Unterschied zwischen Variablen für elementare Datentypen und Variablen, deren Datentyp eine Klasse ist. Variablen für die elementaren Datentypen speichern den konkreten Wert. Eine Variable mit dem Datentyp einer Klasse speichert jedoch nur eine Referenz (einen Verweis) auf ein Objekt der Klasse. Mit der Definition

```
Kreis k1, k2;
```

werden somit die Variablen k1 und k2 definiert, die jeweils nur auf ein Objekt vom Typ Kreis verweisen können, sie selbst sind aber keine Kreisobjekte.

In Java werden alle Objekte mit den Operator new erzeugt. Mit der Anweisung

```
k1 = new Kreis();
```

wird ein neues Objekt vom Typ Kreis erzeugt und ein Verweis darauf der Referenzvariable k1 zugeordnet. In dieser Anweisung wurden keine Werte für die Attribute des Kreises vorgegeben. Beim Erzeugen des Kreises werden in diesem Fall Standardwerte verwendet, die in der Klasse Kreis festgelegt sind. Wenn ohne Vorgaben ein Einheitskreis erzeugt wird, so wird der Mittelpunkt mit den Koordinaten (mx, my)=(0.0, 0.0) und der Radius mit dem Wert r=1.0 initialisiert. Eine Klasse kann mehrere Möglichkeiten zum Erzeugen von Objekten bieten. Mit der Anweisung

```
k2 = new Kreis(1.0, 4.5, 2.3);
```

wird ein weiteres neues Objekt vom Typ Kreis erzeugt und ein Verweis darauf der Referenzvariable k2 zugeordnet. Die Bedeutung der in Klammern angegebenen Parameter ist in der Klasse Kreis definiert. Denkbar wäre, dass diese Anweisung einen Kreis mit dem Mittelpunkt (mx, my)=(1.0, 4.5) und dem Radius r=2.3 erzeugt.

Mit der nachfolgenden Anweisung

```
k1 = k2;
```

verweist auch die Referenzvariable k1 auf den zuletzt angelegten Kreis, und das zuerst angelegte Kreisobjekt ist nicht mehr erreichbar. Die Laufzeitumgebung von Java sorgt ohne unser Zutun dafür, dass nicht mehr erreichbare Objekte gelöscht werden. Wir brauchen uns also nicht um das Beseitigen von Objekten zu kümmern.

3.2 Klassen

Eine Klasse dient zur Beschreibung von Objekten einer Art. Eine Klasse kapselt die *Attribute*, welche die Eigenschaften dieser Objekte charakterisieren, und die *Methoden*, welche für diese Objekte ausgeführt werden können. Im Java-Programm wird eine Klasse durch das Schlüsselwort `class` gekennzeichnet, an das sich der Name der Klasse anschließt. Der Name der Klasse dient auch als Bezeichnung des Datentyps. Alle Attribute und Methoden einer Klasse gehören zu einem separaten *Namensraum*, der durch ein Paar geschweifter Klammern gebildet wird und nach dem Klassennamen folgt.

Damit wir von einer Klasse Objekte bilden können, muss die Klasse öffentlich zugänglich sein, was durch das Schlüsselwort `public` vor der Klassendefinition mit `class` erreicht wird. Außerdem muss der Klassenname mit dem Namen der Java-Datei übereinstimmen. Die vom Java-Compiler erzeugte Datei trägt dann den gleichen Namen und wird durch die Erweiterung `.class` gekennzeichnet.

Die *Attribute* werden in der gleichen Weise wie die Variablen im Namensraum der Klasse spezifiziert. Den Attributen wird jedoch in der Klasse noch kein Speicherplatz zugeordnet. Die Attribute in der Klasse dienen als Muster, nach dem für jedes mit `new` angelegte Objekt alle diese Attribut-Variablen definiert werden. Um Inkonsistenzen zwischen den Werten der Attribute eines Objekts zu vermeiden, kann man sie vor dem Zugriff von außen mit dem Schlüsselwort `private` schützen. Dieses Schlüsselwort wird vor der Deklaration eines Attributs in der Klasse angegeben.

Alle *Methoden* einer Klasse werden im Namensraum der Klasse definiert. Eine Methode realisiert ein spezielles Verhalten und kann dazu auf alle Attribute des Objekts zugreifen, für das sie nach folgendem Schema

```
objektName.methodenName(Parameter)
```

aufgerufen wurde. Die Anzahl und die Typen der Parameter werden bei der Definition der Methode festgelegt. Es gibt auch Methoden ganz ohne Parameter, da ja die Methode auf die Attribute des Objekts zugreifen kann. Die runden

Klammern müssen auch dann geschrieben werden, wenn es keine Parameter gibt. Eine Methode kann einen Wert zurückgeben.

In Java wird eine Methode durch ihren Namen und die Reihenfolge der Datentypen der Parameter bestimmt. Es kann somit mehrere Methoden mit dem gleichen Namen, aber verschiedenen Parametertypen geben. Vom Compiler wird in diesem Fall die passende Methode in Abhängigkeit von den übergebenen Parametern gewählt. Für eine Methode kann ein Datentyp für den Ergebniswert spezifiziert werden. Der Ergebniswert muss in diesem Fall von der Methode mit der `return`-Anweisung als Wert des Methodenaufrufs zurückgegeben werden. Eine Methode vom Typ `void` liefert keinen Ergebniswert, sondern führt die erforderlichen Aktionen mit den Attributen aus.

Eine Methode, die mit dem Schlüsselwort `public` gekennzeichnet ist, kann uneingeschränkt aufgerufen werden. Durch die Kennzeichnung mit dem Schlüsselwort `private` kann eine Methode nur durch andere Methoden der eigenen Klasse aufgerufen werden.

Konstruktoren sind spezielle Methoden, die zum Erzeugen eines Objekts der eigenen Klasse dienen. Der Methodenname jedes Konstruktors ist der Name der Klasse. Weiterhin haben Konstruktoren keinen Rückgabetyp (auch nicht `void`). In einer Klasse kann es beliebig viele Konstruktoren geben, die sich jedoch alle bezüglich der Argumente unterscheiden müssen. Die verschiedenen Konstruktoren haben den Vorteil, dass man ein Objekt ausgehend von unterschiedlichen Informationen über das Objekt erzeugen kann.

Eine Methode, die mit dem Schlüsselwort `static` gekennzeichnet ist, kann mit Bezug auf den Namensraum der Klasse nach dem Schema

```
KlassenName.methodenName(Parameter)
```

aufgerufen werden, ohne dass ein Objekt benötigt wird. Eine solche *Klassenmethode* kann selbst nur andere Klassenmethoden aufrufen und auf Attribute zugreifen, die durch das Schlüsselwort `static` gekennzeichnet sind.

Die `main()`-Methode ist eine solche Klassenmethode. Sie ermöglicht den Start

3.2 Klassen

eines Java-Programms, da ja zunächst nur Klassen und keine Objekte vorhanden sind. Zur Vereinfachung haben wir in Kapitel 1 und 2 alle Definitionen und Anweisungen in die `main()`-Methode geschrieben. Der eigentliche Zweck der `main()`-Methode ist jedoch das Anlegen von Objekten und das Aktivieren von Methoden für diese Objekte. Auch wenn man für eine Klasse eigentlich keine `main()`-Methode braucht, so kann man mit einer `main()`-Methode einen einfachen Test der Methoden der Klasse realisieren. Wir machen in dem nachfolgenden Beispiel von dieser Möglichkeit Gebrauch.

Die Abbildung 3.1 zeigt die Klasse `Kreis0`. Das Schlüsselwort `public` ermöglicht, dass Objekte dieser Klasse an beliebigen Stellen erzeugt und verwendet werden können. Die Attribute für die Koordinaten `mx` und `my` des Kreismittelpunkts sowie für den Radius sind in der Zeile 2 als private Daten deklariert.

Die Zeilen 3 bis 11 enthalten zwei wahlweise nutzbare Konstruktoren für Kreisobjekte. Der erste Konstruktor in den Zeilen 3 bis 6 ist ein *Standardkonstruktor*, da er keine Parameter hat. Dieser Standardkonstruktor ordnet den Attributen des erzeugten Kreises die Werte eines Einheitskreises um den Koordinatenursprung mit dem Radius 1.0 zu. Der zweite Konstruktor lässt beliebig Werte für die drei Attribute zu. Der Mittelpunkt des Kreises kann sich an einer beliebigen Stelle im Koordinatensystem befinden. Deshalb werden die gegebenen Werte `x` und `y` unverändert den Attributen `mx` bzw. `my` des erzeugten Objekts zugewiesen. Der Radius eines Kreises ist stets positiv. Die Klassenmethode `abs()` der Klasse `Math` berechnet den absoluten Betrag von `r` und sichert damit einen korrekten Wert für das Attribut `radius`.

Die Methoden `flaeche()` bzw. `umfang()` berechnen nach den bekannten Formeln den Flächeninhalt bzw. den Umfang für den Kreis mit dem im Objekt gespeicherten Radius. Der Rückgabetyp dieser Methoden ist `double`. Der jeweils berechnete Wert wird mit den `return`-Anweisungen in den Zeile 13 bzw. 16 zurückgegeben. Der benötigte Wert von π ist ein `static`-Attribut aus der Klasse `Math`, so dass kein Objekt benötigt wird, um darauf zuzugreifen.

Am Beispiel des Attributs `radius` zeigen die Methoden in den Zeilen 18 bis 23, wie man lesend (`getRadius()`) bzw. schreibend (`setRadius()`) auf ein privates

```java
public class Kreis0{
  private double mx, my, radius;
  public Kreis0(){
    mx = my = 0.0;
    radius = 1.0;
  }
  public Kreis0(double x, double y, double r){
    mx = x;
    my = y;
    radius = Math.abs(r);
  }
  public double flaeche(){
    return Math.PI * radius * radius;
  }
  public double umfang(){
    return Math.PI * radius * 2.0;
  }
  public double getRadius(){
    return radius;
  }
  public void setRadius(double r){
    radius = Math.abs(r);
  }
  public static void main(String[] args){
    Kreis0 k1 = new Kreis0();
    System.out.println("Radius   von k1: " + k1.getRadius());
    System.out.println("Flaeche von k1: " + k1.flaeche());
    k1.setRadius(-3.5);
    System.out.println("Radius   von k1: " + k1.getRadius());
    Kreis0 k2 = new Kreis0(1.0, -4.5, -2.3);
    System.out.println("Umfang   von k2: " + k2.umfang());
  }
}
```

Abbildung 3.1 Klasse `Kreis0` mit `main()`-Methode zum Test

Attribut eines Objekts zugreifen kann. Die Methode `getRadius()` gibt einfach den im Kreisobjekt gespeicherten Wert `radius` zurück. Analog zur Zeile 10 sichert der Aufruf von `Math.abs()` in der Zeile 22, dass immer ein positiver Wert als `radius` im Kreisobjekt gespeichert wird. Die Methode `setRadius()` verändert nur den Wert eines Attributs und gibt keinen Wert zurück. Sie hat

3.2 Klassen

deshalb den Rückgabetyp `void` und enthält auch keine `return`-Anweisung. Die Klasse `Kreis0` könnte in analoger Weise um `get()`- und `set()`- Methoden für die Koordinaten des Kreismittelpunkts ergänzt werden.

Der eigentliche Zweck der Klasse `Kreis0` besteht darin, dass man sich für geometrische Berechnungen Kreisobjekte anlegen kann und durch Methodenaufrufe die benötigten Ergebnisse erhält. Die `main()`-Methode der Klasse `Kreis0` erzeugt in den Zeilen 25 und 30 zwei Objekte der Klasse `Kreis0` und verwendet dazu jeweils einen der beiden Konstruktoren. Anhand der in den Zeilen 26, 27, 29 und 31 ausgegebenen Ergebnisse kann man sich von der korrekten Implementierung dieser Klasse überzeugen.

Die objektorientierte Programmierung geht bei der Nachbildung der Realität noch einen bedeutsamen Schritt weiter. Trotz der Klassenbildung würde die Komplexität der gewaltigen Anzahl von unterschiedlichen Arten von Objekten mit all ihren Eigenschaften und Verhaltensweisen die Fähigkeiten des Menschen weit überschreiten. Um dieses Komplexitätsproblem zu meistern, nutzen wir die Prinzipien *Abstraktion* und *Hierarchiebildung*.

Wir merken uns zum Beispiel nicht alle Details zu einer Blume, einem Strauch oder einem Baum. Wir abstrahieren, dass es sich bei diesen Objekten durchweg um Pflanzen handelt, und merken uns, welche Eigenschaften und welches Verhalten eine Pflanze besitzt. Dabei werden Begriffe wie Wurzel, Blatt sowie Wasser und Licht eine Rolle spielen. Für einzelne Pflanzenarten greifen wir auf das bekannte Wissen zurück, das für alle Pflanzen gilt, und müssen uns nur noch die Besonderheiten merken.

In der objektorientierten Programmierung bezeichnen wir in diesem Beispiel die Klasse `Pflanze` als *Basisklasse* (oder Oberklasse) und jede der Klassen `Blume`, `Strauch` und `Baum` als *abgeleitete Klasse* (oder Unterklasse). Die Beziehung zwischen der abgeleiteten Klasse und der Basisklasse ist eine IST-EIN-Beziehung. Ein Objekt der abgeleiteten Klasse ist auch ein Objekt der Basisklasse. Die abgeleitete Klasse *erbt* alle Attribute und Methoden der Basisklasse. Deshalb bezeichnen wir dieses Prinzip der objektorientierten Programmierung als *Vererbung*.

Die programmiertechnische Realisierung der Vererbung ist sehr einfach. Die Basisklasse kann man so schreiben wie bisher. Damit die Klasse `Baum` von der Klasse `Pflanze` erbt, muss man nur nach dem Namen der abgeleiteten Klasse das Schlüsselwort `extends` und den Namen der Basisklasse einfügen.

```
public class Baum extends Pflanze{   }
```

Eine Besonderheit ergibt sich bezüglich der Zugriffsrechte für die Methoden der abgeleiteten Klasse auf die Attribute und Methoden der Basisklasse. Zwischen die schon bekannten Zugriffsrechte `private` und `public` ordnet sich das zusätzliche Zugriffsrecht `protected` ein. Alle durch `public` oder `protected` gekennzeichneten Attribute und Methoden können in der abgeleiteten Klasse verwendet werden.

Durch die Nutzung der Vererbung kann man sehr viel Programmieraufwand einsparen. Die Vererbung kann aber nur dort angewendet werden, wo wirklich eine IST-EIN-Beziehung vorliegt. Sachgerecht wäre zum Beispiel: *ein Auto ist ein Fahrzeug*. Nicht sachgerecht wäre: EIN AUTO IST EIN MOTOR UND WEITERE TEILE. Die Beziehung zwischen Auto und Motor und den weiteren Teilen ist eine Komposition (eine strenge Aggregation), also eine HAT-EIN-Beziehung. Korrekt würde man die Teile des Autos als Attribute der Klasse `Auto` realisieren.

Die bisher besprochene einfache Form der Vererbung setzt voraus, dass alles, was in der Basisklasse definiert ist, auch für die abgeleitete Klasse gilt. In der abgeleiteten Klasse konnten nur zusätzliche Attribute und Methoden definiert werden. Wenn nun einige Methoden einer ansonsten geeigneten Basisklasse nicht mit dem erforderlichen Verhalten der Objekte der vorgesehenen abgeleiteten Klasse übereinstimmen, benötigen wir einen weitergehenden Mechanismus.

In Java besteht dieser Mechanismus darin, dass man jede in der Basisklasse definierte Methode in der abgeleiteten Klasse mit dem gleichen Namen und den gleichen Parametern neu definieren (man sagt auch: *redefinieren*) kann. Eine solche Methode ersetzt für die Objekte der abgeleiteten Klasse die geerbte Methode der Basisklasse. Wenn man vor eine solche Methode in der abgeleiteten Klasse noch `@Override` (*überschreibe*) schreibt, prüft der Compiler, ob die entsprechende Methode tatsächlich in der Basisklasse vorhanden ist und gibt ansonsten eine Fehlermeldung aus.

Die Vererbung ist nicht auf eine Hierarchieebene beschränkt. Die Basisklasse aus einer Vererbung kann selbst von einer anderen Klasse abgeleitet sein. Es gilt in Java sogar die strenge Regel, dass jede Klasse entweder von genau einer nach dem Schlüsselwort `extends` angegebenen Klasse oder von der speziellen Klasse `Object` erbt. Auf diese Weise entsteht ein Hierarchiebaum mit der Wurzelklasse `Object`, in der jede andere Klasse genau eine Basisklasse hat.

Die Möglichkeit zur Hierarchiebildung erkennt man an gleichen Attributen und Methoden, die in verschiedenen Klassen vorhanden sind. Diese Elemente der verschiedenen Klassen ordnet man der Basisklasse zu und erbt sie in den abgeleiteten Klassen.

Wir stellen uns zum Beispiel vor, dass die Klassen `Kreis` und `Quadrat` jeweils Attribute für die Position im Koordinatensystem, Attribute für den Flächeninhalt und den Umfang sowie `get()`-Methoden für den Zugriff auf diese Attribute und jeweils eine `draw()`-Methode zum Zeichnen des Randes und eine `fill()`-Methode zum Ausfüllen der eingeschlossenen Fläche besitzt. Alle diese Elemente könnten der Basisklasse `Flaechenteil` zugeordnet werden. Für ein allgemeines Flächenteil kann man zwar den Flächeninhalt und den Umfang angeben, aber die grafische Darstellung mit den Methoden `draw()` und `fill()` ist nicht möglich. Solche Methoden kann man aber trotzdem in einer Klasse als *abstrakte Methoden* deklarieren. Eine Methode wird durch das Schlüsselwort `abstract` vor dem Typ als abstrakte Methode erklärt, und der Implementierungsteil wird durch ein Semikolon ersetzt.

Wenn es in einer Klasse eine abstrakte Methode gibt, wird auch die Klasse zu einer *abstrakten Klasse*, was ebenfalls mit dem Schlüsselwort `abstract` vor `class` definiert werden muss. Von einer abstrakten Klasse kann man zwar keine Objekte bilden, aber sie sind als Basisklassen hilfreich. Die abstrakten Methoden einer Basisklasse müssen in der abgeleiteten Klasse redefiniert werden, damit von der abgeleiteten Klasse Objekte gebildet werden können.

```
 1  import java.awt.Graphics;
 2  public abstract class Flaechenteil{
 3    protected double posX, posY, flInhalt, umfang;
 4    public Flaechenteil(){
 5      posX = posY = flInhalt = umfang = 0.0;
 6    }
 7    public Flaechenteil(double x, double y, double f, double u){
 8      posX = x;
 9      posY = y;
10      flInhalt = f;
11      umfang = u;
12    }
13    public double flaeche(){
14      return flInhalt;
15    }
16    public double umfang(){
17      return umfang;
18    }
19    public abstract void draw(Graphics g);
20    public abstract void fill(Graphics g);
21  }
```

Abbildung 3.2 Abstrakte Klasse `Flaechenteil`

Die Abbildung 3.2 zeigt die bereits besprochene Basisklasse `Flaechenteil`. Das Zugriffsrecht `protected` für die Attribute in der Zeile 3 ermöglicht, dass die Methoden der abgeleiteten Klasse darauf zugreifen können.

Die abgeleitete Klasse `Kreis` in der Abbildung 3.3 erbt alle Attribute und Methoden der Basisklasse `Flaechenteil` aus der Abbildung 3.2. In den Zeilen 32 bzw. 34 sieht man den Vorteil der Vererbung, dass die geerbten Methoden `flaeche()` bzw. `umfang()` für die Kreisobjekte `k1` bzw. `k2` ausgeführt werden können, obwohl sie in der Klasse `Kreis` nicht implementiert sind.

In einem Konstruktor der abgeleiteten Klasse wird als erstes ein Konstruktor der Basisklasse zum Erzeugen des Objektanteils der Basisklasse aufgerufen. Falls es dazu keine Anweisung gibt, wird implizit der Standardkonstruktor der Basisklasse verwendet. Die in den Zeilen 5 und 9 der Abbildung 3.3 aufgerufene Methode `setRadius()` kann also schon auf die Attribute der Basisklasse zugreifen.

3.2 Klassen

```java
import java.awt.Graphics;
public class Kreis extends Flaechenteil{
  private double r;
  public Kreis(){
    setRadius(1.0);
  }
  public Kreis(double x, double y, double radius){
    super(x, y, 0.0, 0.0);
    setRadius(radius);
  }
  public double getRadius(){
    return r;
  }
  public void setRadius(double radius){
    r = Math.abs(radius);
    flInhalt = Math.PI * r * r;
    umfang = Math.PI * r * 2.0;
  }
  @Override
  public void draw(Graphics g){
    g.drawOval((int)(posX-r), (int)(posY-r),
               (int)(2.0 * r), (int)(2.0 * r));
  }
  @Override
  public void fill(Graphics g){
    g.fillOval((int)(posX-r), (int)(posY-r),
               (int)(2.0 * r), (int)(2.0 * r));
  }
  public static void main(String[] args){
    Kreis k1 = new Kreis();
    System.out.println("Radius   von k1: " + k1.getRadius());
    System.out.println("Fläche von k1: " + k1.flaeche());
    Kreis k2 = new Kreis(1.0, −4.5, −2.3);
    System.out.println("Umfang  von k2: " + k2.umfang());
  }
}
```

Abbildung 3.3 Klasse `Kreis` mit der `main()`-Methode zum Test

In der Zeile 8 im zweiten Konstruktor der Klasse `Kreis` wird der Konstruktor der Basisklasse, der vier **double**-Werte als Parameter erwartet, explizit aufgerufen. Dieser Konstruktor ist in den Zeilen 7 bis 12 der Abbildung 3.2 definiert. In Java wird dazu ein Methodenaufruf mit dem vorgeschriebenen Namen `super` verwendet. Der Flächeninhalt und der Umfang werden sofort beim Anlegen des Kreisobjekts berechnet. Diese Werte können dann ohne Neuberechnung beliebig häufig abgefragt werden. Für die korrekte Berechnung sorgt der Aufruf der Methode `setRadius()` in der Zeile 9.

Wenn der Radius eines Kreisobjekts mit der Methode `setRadius()` geändert wird, sorgt diese Methode in der Zeile 15 dafür, dass ein positiver Wert für das Attribut `r` gespeichert wird. Die Werte für den Flächeninhalt und den Umfang werden in den nachfolgenden beiden Zeile sofort neu berechnet und im Objekt gespeichert.

Die abstrakten Methoden `draw()` und `fill()` der Klasse `Flaechenteil` werden in den Zeilen 19 bis 28 der Abbildung 3.3 für die Klasse `Kreis` redefiniert. Durch diese Implementierung sind die Methoden nun nicht mehr abstrakt, so dass von der Klasse `Kreis` Objekte gebildet werden können.

Die Methode `draw()` verwendet dazu die Methode `drawOval()` aus der Klasse `Graphics`, die in der Zeile 1 importiert wird. Die Methode `drawOval()` benötigt zur Ausführung ein Objekt der Klasse `Graphics`. Die Referenz `g` auf ein solches Objekt wird der Methode `draw()` der Klasse `Kreis` als Parameter übergeben. Die Methode `drawOval()` benötigt als Parameter ganzzahlige Koordinaten der linken oberen Ecke sowie die Breite und Höhe eines Rechtecks, das das Oval (die Ellipse, in unserem speziellen Fall den Kreis) einschließt. Die berechneten `double` - Werte werden deshalb durch die Angabe von `(int)` in ganze Zahlen umgeformt.

Für das Ausfüllen der Kreisfläche ist die Methode `fill()` in den Zeilen 24 bis 28 in analoger Weise implementiert.

Die Methoden `draw()` und `fill()` vereinfachen die grafische Darstellung eines Kreisobjektes. Mit den Referenzen `k` auf ein Objekt der Klasse `Kreis` und `g` auf ein Objekt der Klasse `Graphics` kann der ausgefüllte Kreis in einem Programm zur grafischen Darstellung einfach mit den Anweisungen

3.2 Klassen

```
                        k.fill(g);
                        k.draw(g);
```
gezeichnet werden.

Wenn es mehrere Objekte einer Klasse gibt, könnte die Frage aufkommen, woher eine Methode beim Zugriff auf ein Attribut weiß, von welchem Objekt sie das Attribut verwenden soll. Die Antwort darauf ist die Referenz **this**, die implizit jeder Methode übergeben wird. Der Java-Compiler ersetzt jeden Zugriff auf ein Attribut durch **this**, gefolgt vom Punktoperator und dem Namen des Attributs.

Die Variable **this** können wir innerhalb von Methoden auch explizit verwenden, ohne sie zu definieren. Auf diese Weise wird es möglich, dass der Name eines Parameters und der Name eines Attributs übereinstimmen können. Die Methode setRadius() aus der Abbildung 3.3 könnte durch den Programmtext aus der Abbildung 3.4 ersetzt werden, in dem r der übergebene Parameterwert und **this.r** das Attribut des Objekts ist.

```
1  public void setRadius(double r){
2     this.r = Math.abs(r);
3     flInhalt = Math.PI * this.r * this.r;
4     umfang = Math.PI * this.r * 2.0;
5  }
```

Abbildung 3.4 Methode setRadius() der Klasse Kreis mit Referenz this

Die Methoden einer Klasse kennen nicht nur das konkrete Objekt, für das sie ausgeführt werden, sondern durch einen weiteren impliziten Verweis auch die Klasse des Objekts. Diese Aussage kann zunächst Verwunderung hervorrufen, denn jedes Objekt wird ja ausgehend von einer Klasse gebildet, so dass die zugehörige Klasse bekannt ist. Von der Vererbung wissen wir, dass ein Objekt der abgeleiteten Klasse auch ein Objekt der Basisklasse ist. Wir können deshalb einer Referenz auf ein Objekt der Basisklasse auch ein Objekt einer davon abgeleiteten Klasse zuweisen. Diese Vielgestaltigkeit eines Objekts wird als *Polymorphie* bezeichnet.

```
1  Flaechenteil [] ft = new Flaechenteil [5];
2  ft[0] = new Kreis(0.0, 0.0, 5.0);
3  ft[1] = new Quadrat(-3.0, 1.0, 2.0);
4  ft[1] = new Quadrat(3.0, 1.0, 2.0);
5  ft[3] = new Kreis(-2.0, 1.0, 1.5);
6  ft[4] = new Kreis(2.0, 2.0, 1.5);
7  for( int = 0; i < ft.length; i++) ft.draw(g);
```

Abbildung 3.5 Polymorphe Nutzung der virtuellen Methode `draw()`

Die Polymorphie kann zur Vereinfachung der Programmierung beitragen. Nehmen wir an, dass wir außer der Klasse **Kreis** noch die Klasse **Quadrat** von der Basisklasse **Flaechenteil** abgeleitet und auch in der Klasse **Quadrat** die Methoden `draw()` und `fill()` redefiniert haben. Man kann zwar von der abstrakten Basisklasse **Flaechenteil** keine Objekte bilden, aber Referenzvariablen auf die Klasse sind zulässig.

Die Abbildung 3.5 zeigt ein Programmfragment, in dem in der Zeile 1 ein Feld von 5 Referenzen auf Objekte der Klasse **Flaechenteil** angelegt wird. Die Referenzen auf die in den Zeilen 2 bis 6 erzeugten Objekte der Klassen **Kreis** und **Quadrat** werden in diesem Feld gespeichert. Die for-Anweisung in der Zeile 7 zeichnet durch den einheitlichen Aufruf der Methode `draw()` insgesamt drei Kreise und zwei Quadrate an den durch die Objekte spezifizierten Stellen, obwohl die Methode `draw()` in der Klasse **Flaechenteil** abstrakt ist. Man muss also nicht selbst herausfinden, ob die Methode `draw()` der Klasse **Kreis** oder der Klasse **Quadrat** verwendet werden soll.

Die technische Grundlage für dieses willkommene Verhalten besteht darin, dass Java grundsätzlich *virtuelle Methoden* verwendet und für jede Klasse eine *virtuelle Methoden-Tabelle* (VMT) anlegt. In der VMT sind die Methoden in einer festen Reihenfolge eingetragen. Die VMT einer Basisklasse wird von einer davon abgeleiteten Klasse kopiert und mit den Referenzen auf neue Methoden ergänzt. Die Referenzen auf redefinierte (überschriebene - @Override) Methoden ersetzen die bisherige Referenz auf diese Methode. Die Referenz auf die VMT ermöglicht es, dass immer die zum Objekt gehörenden Methoden aufgerufen werden.

3.3 Schnittstellen

Außer Objekten begegnen uns in der Realität auch Interfaces. Die deutsche Übersetzung von *Interface* ist *Schnittstelle*. Ein Interface kann unabhängig von den Objekten definiert werden. Wenn verschiedene Objekte das gleiche Interface implementieren, können sie entsprechend den Festlegungen aus dem Interface zusammenarbeiten. Zum Beispiel realisieren ein USB-Speicher-Stick und eine Webcam beide das USB-Interface. Man kann sie deshalb als ein USB-Gerät an einem Computer nutzen.

In Java wird ein Interface ähnlich wie eine Klasse definiert. Anstelle des Schlüsselwortes `class` wird das Schlüsselwort `interface` verwendet. Attribute sind in einem Interface konstante Werte und müssen deshalb im Interface initialisiert werden. Statt der Implementierung von Methoden enthält ein Interface nur deren Deklaration, d.h. anstelle des Blockes wird nur ein Semikolon geschrieben.

Ein Java-Interface kann beliebig viele Interfaces erben. Auf diese Weise können separat definierte Interfaces miteinander kombiniert werden. Als Beispiel schauen wir uns ein häufig verwendetes Interface aus der Java-Bibliothek an. Die Abbildung 3.6 zeigt das Interface `ActionListener`. Es dient zur Information von Objekten über ein Ereignis, das in einem andern Objekt festgestellt wurde. Dieses Ereignis kann unter anderem durch das Anklicken eines Buttons (Schaltfläche) oder eines Menüpunkts ausgelöst werden. Das Interface `ActionListener` deklariert nur die Operation `actionPerformed()`, die als Parameter eine Referenz auf ein Objekt der Klasse `ActionEvent` erhält. Das `ActionEvent`-Objekt enthält detaillierte Informationen über das Ereignis.

```java
import java.awt.event.ActionEvent;
import java.util.EventListener;
public interface ActionListener extends EventListener {
  public void actionPerformed(ActionEvent e);
}
```

Abbildung 3.6 Interface `ActionListener`

```java
import javax.swing.JButton;
import java.awt.event.ActionEvent;
import java.awt.event.ActionListener;
public class Statistik implements ActionListener
{
  JButton bCount;
  int sum;
  public Statistik(JButton bCount){
    this.bCount = bCount;
    sum = 0;
    bCount.addActionListener(this);
  }
  public void actionPerformed(ActionEvent e) {
    if (e.getSource() == bCount)
      sum++;
  }
}
```

Abbildung 3.7 Implementierung des Interfaces `ActionListener` in der Klasse `Statistik`

Eine Klasse, deren Objekte das Verhalten eines Interfaces aufweisen sollen, muss das Interface implementieren. Eine Klasse kann beliebig viele Interfaces implementieren. Im Kopf einer Klasse wird festgelegt, welche Interfaces diese Klasse implementiert. Dazu werden vor der öffnenden geschweiften Klammer der Klasse das Schlüsselwort `implements` und danach, durch Komma getrennt, die Namen der zu implementierenden Interfaces angegeben. In der Klasse müssen dann alle in den Interfaces deklarierten Operationen implementiert werden.

Nehmen wir als Beispiel an, dass durch das Betätigen des `JButton`-Objekts `bCount` ein Zähler `sum` für ein Objekt der Klasse `Statistik` inkrementiert werden soll. Die Abbildung 3.7 zeigt die dafür vereinfachte Klasse `Statistik`.

Die benötigten Klassen `JButton` und `ActionEvent` sowie das zu implementierende Interface `ActionListener` werden in den ersten drei Zeilen importiert. Damit die Klasse `Statistik` auf das Betätigen des Buttons (der Schaltfläche) reagieren kann, muss sie als `ActionListener` verwendbar sein, was durch `implements ActionListener` in der Zeile 4 angezeigt wird.

3.4 Pakete

Die Attribute `bCount` und `sum` der Klasse `Statistik` werden im Konstruktor in den Zeilen 9 und 10 initialisiert. Für das Attribut `bCount` wird dazu die dem Konstruktor übergebene Referenz verwendet. Das `JButton`-Objekt `bCount` wird durch den Aufruf der Methode `addActionListener()` darüber informiert, dass das gerade erzeugte `Statistik`-Objekt (`this`) über jedes Klick-Ereignis informiert werden möchte. Der Methode `addActionListener()` muss als Parameter die Referenz auf ein Objekt übergeben werden, welches das Interface `ActionListener` implementiert. Das gerade vom Konstruktor der Klasse `Statistik` erzeugte Objekt mit der Referenz `this` erfüllt diese Anforderung.

Durch den Aufruf der Methode `addActionListener()` kennt das `JButton`-Objekt die Referenz auf das `Statistik`-Objekt. Bei jedem Klick auf die Schaltfläche ruft das `JButton`-Objekt `bCount` die Methode `addActionListener()` auf, die im `Statistik`-Objekt in den Zeilen 13 bis 16 implementiert ist. Darin wird in der Zeile 14 geprüft, ob der Sender des Ereignisses tatsächlich das `JButton`-Objekt `bCount` war. Wenn diese Bedingung den Wert `true` annimmt, wird als geforderte Aktion der Wert von `sum` in der Zeile 15 inkrementiert.

3.4 Pakete

Der Zweck von Paketen besteht in der Verbesserung der Übersicht in der schon sehr großen und weiter wachsenden Anzahl von Java-Klassen und Interfaces. Als Kriterium für das Zusammenfassen von Klassen und Interfaces zu Paketen wird die inhaltliche Zusammengehörigkeit verwendet.

Pakete werden in Java auf eine sehr einfache Weise gebildet. Man wählt einen Namen für das Paket. Zur Unterscheidung von Klassen und Interfaces werden für den Paketnamen bevorzugt Kleinbuchstaben verwendet. Als erste Zeile fügt man die `package`-Anweisung

```
package paketname;
```

in jede zum Paket gehörende Quelldatei ein. Alle zu einem Paket gehörenden Quelldateien werden durch

```
            javac -d Zielverzeichnis Dateiname.java
```
kompiliert. Dadurch wird im Zielverzeichnis ein neues Verzeichnis mit dem Paketnamen angelegt und darin alle erzeugten `class`-Dateien des Pakets gespeichert. Die Hierarchie der Verzeichnisse wird auf diese Weise zur Hierarchie der Pakete.

Die Klassen `Flaechenteil` und `Kreis` aus unserem Vererbungsbeispiel haben einen engen inhaltlichen Bezug. Diese beiden Klassen und weitere Klassen für Flächen mit einer spezifischen Form des Randes könnte man zu einem Paket `geometrie` zusammenfassen. Dazu sind folgende Schritte notwendig:

1. ein Verzeichnis mit dem Namen `geometrie` als Zielverzeichnis anlegen,

2. die beiden `java`-Dateien aus den Abbildungen 3.2 und 3.3 in das Verzeichnis `geometrie` kopieren,

3. in den neuen Quelldateien jeweils als neue erste Zeile

   ```
   package geometrie;
   ```

   einfügen,

4. in das Verzeichnis `geometrie` wechseln,

5. Kompilieren von `Flaechenteil` durch: `javac -d . Flaechenteil.java`

6. Kompilieren von `Kreis` durch: `javac -d . Kreis.java`

7. das Programm mit `java geometrie.Kreis` ausführen.

Für Pakete gibt es noch eine Besonderheit für die Zugriffsrechte. Wenn für ein Attribut bzw. eine Methode einer Klasse eines Pakets nicht explizit ein Zugriffsrecht spezifiziert wurde, so gilt implizit das Zugriffsrecht `package`, und alle Methoden der anderen Klassen des Pakets dürfen auf diese Elemente zugreifen.

3.5 Beispiel einer vorhandenen Klasse: `String`

Außer den verschiedenen Datentypen für Zahlen haben wir den elementaren Datentyp `char` zum Speichern eines Zeichens kennengelernt. Mit Feldern von Zeichen könnten wir also Wörter oder ganze Texte verarbeiten. Die Klasse `String` aus dem Paket `java.lang` kapselt eine konstante *Zeichenkette* (engl. string). Durch eine große Anzahl von Konstruktoren und Methoden erleichtert die Klasse `String` die Verarbeitung von Zeichenketten.

Die grundlegende Vorgehensweise zum Erzeugen eines `String`-Objekts besteht in der Definition eines Feldes von Zeichen, das mit einem Konstruktor der Klasse `String` in das `String`-Objekt übertragen wird. Die Abbildung 3.8 zeigt dieses Vorgehen am Beispiel des Feldes von Zeichen `cf_j`. Mehrere Zeichen, die zwischen dem Zeichenpaar "" geschrieben werden, sind in Java eine Zeichenkettenkonstante. Anstelle der beiden Programmzeilen aus der Abbildung 3.8 kann man einfach die Programmzeile

```
String str_j = "Java";
```

schreiben. Ein Zeichenkettenobjekt, das keine Zeichen enthält, kann man mit dem Standardkonstruktor `String()`

```
String str = String();
```

oder einer leeren Zeichenkettenkonstante

```
String str = "";
```

erzeugen. In diesen beiden Anweisungen ist `str` die Referenz auf das erzeugte `String`-Objekt.

Zur Verkettung von Zeichenketten gibt es in der Klasse String die Methode

```
1  char[] cf_j = {'J', 'a', 'v', 'a'};
2  String str_j = new String(cf_j);
```

Abbildung 3.8 Erzeugen eines `String`-Objekts aus einem Feld von Zeichen

```
 1  public class Faust{
 2    public static void main(String[] args){
 3      String faust1, faust2, faust3;
 4      faust1 = new String("Die Botschaft hör' ich wohl, ");
 5      faust2 = "allein mir fehlt der Glaube. ";
 6      faust3 = faust1.concat(faust2);
 7      System.out.println(faust3);
 8    }
 9  }
```

Abbildung 3.9 Verkettung von `String`-Objekten mit Hilfe der Methode `concat()`

`concat()`. Die Abbildung 3.9 zeigt ein vollständiges Programm mit einer einfachen Anwendung dieser Methode in der Zeile 6. Die Verkettung von zwei Zeichenketten kann man auch mit dem Operator + erreichen. Die Zeile 6 in dem Programm der Abbildung 3.9 könnte man durch

$$\texttt{faust3 = faust1 + faust2;}$$

ersetzen.

Methoden `valueOf()` der Klasse `String` ermöglichen zusammen mit dem Operator + noch umfangreichere Anwendungen. Diese Methoden sind in der Klasse `String` mit dem Schlüsselwort `static` definiert und wandeln deshalb die elementaren Daten in `String`-Objekte um, wenn sie zusammen mit einer Zeichenkette und dem Operator + in einem Ausdruck vorkommen. Nach dieser Typumwandlung wird dann die Verkettung der Zeichenketten ausgeführt.

Das Programm in der Abbildung 3.10 demonstriert diese Möglichkeit am Beispiel der Kombination der Zeichenkette für einen gegebenen Straßennamen und der als ganze Zahl gegebenen Hausnummer. In der Zeile 3 wird das `String`-Objekt mit der Referenz `straße` und in der Zeile 4 die `int`-Zahl `hausnummer` definiert. Die Zeile 5 zeigt die notwendigen Schritte für diese Kombination im Detail. Zuerst wird mit der `static`-Methoden `valueOf()` aus dem `int`-Wert `hausnummer` ein `String`-Objekt erzeugt. Anschließend wird das als Referenz `straße` bekannte `String`-Objekt mit dem neu erzeugten `String`-Objekt der Hausnummer durch den Operator + verkettet und die Referenz auf diesen neu-

3.5 Beispiel einer vorhandenen Klasse: `String`

```
1  public class Adresse{
2    public static void main(String[] args){
3      String straße = "Reineckerstraße ";
4      int hausnummer = 11;
5      String adresse1 = straße + String.valueOf(hausnummer);
6      String adresse2 = straße + hausnummer;
7      System.out.println(adresse1);
8      System.out.println(adresse2);
9      System.out.println("Vergleich mit == : " +
10                        (adresse1 == adresse2));
11     System.out.println("Vergleich mit equals() : " +
12                        (adresse1.equals(adresse2)));
13   }
14 }
```

Abbildung 3.10 Typumwandlung und Verkettung

en String als `adresse1` gespeichert. Mit der Zeile 6 wird das gleiche Ziel erreicht und die Referenz auf den neuen String als `adresse2` gespeichert. Die Umwandlung der Zahl 11 in eine Zeichenkette geschieht hier implizit analog zur Zeile 5. Die Ausgaben in den Zeilen 7 und 8 liefern das gleiche Ergebnis:

> Reineckerstraße 11 .

Die Namen von Zeichenketten sind Referenzen auf `String`-Objekte. Der Vergleich der Werte von `adresse1` und `adresse2` in der Zeile 10 führt zum Ergebniswert `false`. Die Methode `equals()` in der Zeile 12 vergleicht den Inhalt der beiden in den Zeilen 5 und 6 erzeugten Zeichenketten und liefert den Wert `true`, da die Inhalte der beiden Zeichenketten übereinstimmen.

Man kann aus einem `String`-Objekt auch wieder ein Feld von Zeichen erzeugen. Hierzu dient die Methode `toCharArray()` aus der Klasse `String`. Die Abbildung 3.11 ist ein Beispiel hierfür.

```
1    String str_stadt = new String("09126 Chemnitz");
2    char [] cf_stadt = str_stadt.toCharArry();
```

Abbildung 3.11 Erzeugen eines Felds von Zeichen aus einem `String`-Objekt

Aus der sehr großen Anzahl von Methoden der Klasse `String` wollen wir abschließend noch drei häufig verwendete Methoden kurz vorstellen. Wir nehmen dazu als Beispiel an, dass das `String`-Objekt

```
String str = "Sonnenschein";
```

vorhanden ist.

Die Anzahl der Zeichen in einer Zeichenkette kann mit der Methode `length()` ermittelt werden. Beachten Sie den Unterschied zu einem Feld, bei dem die Anzahl der Feldelemente als Attribut `length` verfügbar ist. Für

```
int anzahl = str.lenght();
```

ergibt sich der Wert 12. Ein einzelnes Zeichen kann man in einer Zeichenkette mit der Methode `charAt()` ermitteln. Der anzugebende Index des Zeichens wird in der Zeichenkette mit 0 beginnend gezählt. Für

```
char zeichen = str.charAt(7);
```

ergibt sich das Zeichen `'c'`. Die Methode `substring()` liefert eine Teilzeichenkette einer gegebenen Zeichenkette zurück. Als Parameter werden der Index vom ersten auszuwählenden Zeichen und vom ersten Zeichen, das nicht mehr zur gewünschten Teilzeichenkette gehört, angegeben. Für

```
String teil_str = str.substring(0, 5);
```

ergibt sich das `String`-Objekt `"Sonne"`.

Auf ein vorhandenes `String`-Objekt kann man beliebig oft lesend zugreifen. Beim Schreiben wird aber stets ein neues `String`-Objekt angelegt. Die Klasse `String` eignet sich somit besonders für Fälle, in denen eine Zeichenkette nur selten geändert wird. Für viele Änderungen an einer Zeichenkette ist die Klasse `StringBuilder` besser geeignet.

Alle Methoden der Klasse `String` kann man im Internet unter

```
http://docs.oracle.com/javase/8/docs/api/java/lang/String.html
```

nachlesen.

3.6 Aufgaben

Aufgabe 3.1. Schreiben Sie ein Programm für die Klasse `Komplex`, die zum Verarbeiten komplexer Zahlen dienen soll. In der Klasse soll es einen Standardkonstruktor (erzeugt $0.0+0.0i$) und einen Konstruktor geben, der `double`-Werte für den Realteil `rv` und den Imaginärteil `iv` erhält. Mit den Methoden `add()` bzw. `sub()` soll die Addition bzw. Subtraktion des aktuellen Objekts und des als Parameter übergebenen Objekts vorgenommen und das neue erzeugte Ergebnisobjekt zurückgegeben werden. Durch das Redefinieren der Methode `toString()`, die von der Klasse `Object` geerbt wird, soll die Ausgabe der komplexen Zahl als adäquat formatierter String ermöglicht werden. Die `main()`-Methode soll zum Test aller dieser Konstruktoren und Methoden angewendet werden, so dass zum Beispiel die Ausgabe

```
(1,20 + 2,30 i) + (1,70 - 3,40 i) = (2,90 - 1,10 i)
(1,20 + 2,30 i) - (1,70 - 3,40 i) = (-0,50 + 5,70 i)
```

entsteht.

Aufgabe 3.2. Ein Widerstand R ist ein Objekt, dessen Wert, gemessen in Ohm, sich nach dem Ohmschen Gesetz aus dem Quotient der Spannung U, gemessen in Volt (V), und des Stroms I, gemessen in Ampere (A), ergibt:

$$R = \frac{U}{I} \ .$$

Eine Reihenschaltung (RS) von zwei Widerständen R_a und R_b ist, aus globaler Sicht, ein Widerstand R_r, der sich aus der Summe der beiden Widerstände ergibt, wobei der gleiche Strom durch beide Widerstände fließt:

$$R_r = R_a + R_b \ .$$

Eine Parallelschaltung (PS) aus zwei Widerständen R_a und R_b ist, aus globaler Sicht, ein Widerstand R_p, dessen Kehrwert sich aus der Summe der Kehrwerte beider Widerstände ergibt, wobei die gleiche Spannung an beiden Widerständen anliegt:

$$\frac{1}{R_p} = \frac{1}{R_a} + \frac{1}{R_b} \quad \Rightarrow \quad R_p = \frac{R_a * R_b}{R_a + R_b} \ .$$

Schreiben Sie Klassen für einen Widerstand R, eine Reihenschaltung von zwei Widerständen RS und eine Parallelschaltung aus zwei Widerständen PS. Sowohl RS als auch PS erben von der Klasse R. Verwenden Sie Objekte dieser Klassen in einer Klasse Analyse, in der für die folgende Schaltung alle 5 Widerstände (r[0], r[1], r[2], r[3] = RS(r[0],r[1]), r[4] = PS(r[3],r[2]) sowie deren Spannungen und Ströme bei einer vorgegebenen äußeren Spannung von 5,0 V ausgegeben werden. Ordnen Sie alle Klassen dem Paket netzwerk zu.

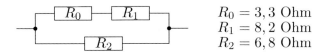

$R_0 = 3,3$ Ohm
$R_1 = 8,2$ Ohm
$R_2 = 6,8$ Ohm

Aufgabe 3.3. Schreiben Sie ein Programm für die Klasse Quadrat, die analog zur Klasse Kreis aus der Abbildung 3.3 von der Klasse Flaechenteil abgeleitet wird und analoge Methoden enthält. Anstelle des Attributs r für den Radius des Kreises soll die Klasse Quadrat das Attribut s für die Seitenlänge des Quadrates enthalten. Für dieses Attribut soll es die Methoden getSeite() und setSeite() geben. Der geerbte Bezugspunkt soll auch der Mittelpunkt des Quadrates sein. Suchen Sie im Internet, welche Methode der Klasse Graphics zur Ausgabe des Quadrats verwendet werden kann. Die main()-Methode soll angepasste Tests ausführen. Testen Sie die korrekte Arbeitsweise der Klasse.

Aufgabe 3.4. Schreiben Sie ein Programm für die Klasse Anschrift. Jedes Objekt dieser Klasse soll die String-Attribute vorname, name, straße und stadt sowie die int-Attribute hausnummer und plz haben. Diese sollen vor einem externen Zugriff geschützt sein. Beim Anlegen eines Objekts der Klasse Anschrift sollen alle diese Attribute festgelegt werden. Die Methode toString() der Basisklasse Object soll so redefiniert werden, dass durch den Aufruf der Methode println() eine komplette Anschrift in der üblichen Form unmittelbar ausgegeben werden kann. Hinweis: die fünfstellige Postleitzahl kann bei der Ausgabe durch des Formatkennzeichen %05d aus einer ganzen Zahl mit weniger als fünf Ziffern erzeugt werden. Legen Sie zum Test in der main()-Methode ein Feld von Objekten der Klasse Anschrift an. Tragen Sie in dieses Adressbuch einige Anschriften ein und geben Sie diese unter Verwendung der Methode toString() aus.

4 Programmierung von Windows-Anwendungen

4.1 Die Klasse JFrame

Die Mühen beim Erlernen der objektorientierten Programmierung zahlen sich bei der Programmierung von Windows-Anwendungen aus. Die Java-Bibliothek enthält sehr viele Klassen für solche Anwendungen. Bereits in der ersten Version von Java konnten mit dem *Abstract Windows Toolkit* (AWT) grafische Anwendungen programmiert werden, die unter verschiedenen Betriebssystemen anwendbar waren. Das wurde dadurch erreicht, dass eine einheitliche Java-Klasse als *Hülle* um gleichartige in den Betriebssystemen vorhandene grafische Komponenten gelegt wurde.

Die *Swing*-Bibliothek im Paket `javax.swing` nutzt wenige Basiskomponenten des AWT, implementiert die Klassen des AWT direkt mit Java und stellt viele zusätzliche Klassen zur Verfügung. Zur Unterscheidung zu den Klassen des AWT beginnen die Namen von vielen Swing-Klassen mit J.

Fenster, die wir aus den verschiedenen Benutzeroberflächen der Betriebssysteme kennen, sind in der Swing-Klasse `JFrame` implementiert. Ein Objekt der Klasse `JFrame` verhält sich so, wie wir es von viele Anwendungen kennen. Wir erkennen hier einen bedeutsamen Vorteil der objektorientierten Programmierung. Durch die Nutzung der gleichen Klasse verhalten sich die Fensterobjekte von verschiedenen Anwendungen gleichartig. Die Nutzer einer neuen Anwendung sind mit den Möglichkeiten der Handhabung des Fensters vertraut, so dass auf eine Nutzerbeschreibung verzichtet werden kann.

Die Abbildung 4.1 zeigt, wie man mit einem Objekt der Klasse `JFrame` eine einfache Windows-Anwendung programmieren kann. Das Paket `javax.swing` wird in der Zeile 1 importiert, da die Klassen `JFrame` und `JLabel` verwendet werden. Von der Klasse `JFrame` legen wir in der Zeile 4 ein Objekt an. In der Kopfzeile des Fensters sollte immer der Name der Anwendung angegeben werden, was mit der Methode `setTitle()` in der Zeile 5 vorgenommen wird.

```
 1  import javax.swing.*;
 2  public class ErstesFenster{
 3    public static void main(String[] args){
 4      JFrame f = new JFrame();
 5      f.setTitle("Erstes Fenster");
 6      f.setLocation(100, 50);
 7      f.setSize(300, 100);
 8      f.setDefaultCloseOperation(JFrame.EXIT_ON_CLOSE);
 9      f.getContentPane().add(new JLabel("    Inhalt"));
10      f.setVisible(true);
11    }
12  }
```

Abbildung 4.1 Einfaches Fenster mit einem JLabel-Objekt als Inhalt

Mit der Methode setLocation() wird in der Zeile 6 festgelegt, wo das Fenster auf dem Bildschirm angezeigt werden soll. Die beiden Parameter geben den Abstand von der linken oberen Bildschirmecke in horizontaler Richtung (100) und vertikaler Richtung (50) in Pixeln an. Mit der Methode setSize() wird die Anfangsgröße des Fenster festgelegt, das in diesem Beispiel eine Breite von 300 Pixeln und ein Höhe von 100 Pixeln hat. Die drei in den Zeilen 5 bis 7 verwendeten Methoden hat die Klasse JFrame von der Klasse Frame des AWT geerbt.

Wenn diese Windows-Anwendung auf dem Bildschirm angezeigt wird, kann sie mit einem Mausklick auf den roten Button in der Kopfzeile geschlossen werden. Die Methode setDefaultCloseOperation() in der Zeile 8 legt fest, was bei diesem Klick passieren soll. Die hier als Parameter gewählte Konstante EXIT_ON_CLOSE löscht das Fenster auf dem Bildschirm und beendet die gesamte Anwendung. Es gibt hierfür noch andere Konstanten, die spezielle eigene Aktionen beim Schließen der Anwendung ermöglichen.

Ein JFrame-Fenster ist in mehrere Bereiche aufgeteilt. Der Hauptbereich ist die ContentPane. Dieses Objekt füllt den gesamten Bereich innerhalb des Rahmens aus, falls für die Anwendung kein Menü definiert wurde. Die Methode getContentPane() gibt eine Referenz auf dieses innere Objekt der Klasse Container zurück. Mit der Methode add() fügen wir in der gleichen Zeile ein

4.2 Grafische Steuerelemente

Abbildung 4.2 Erzeugtes Fenster für das Programm aus der Abbildung 4.1

neu angelegtes Objekt der Klasse `JLabel` ein, das hier nur einen String enthält.

Nach der inhaltlichen Vorbereitung legt die Methode `setVisible()` in der Zeile 10 durch den Parameter `true` fest, dass das Fenster angezeigt wird. Wir sehen auf dem Bildschirm das Fenster aus der Abbildung 4.2.

Die Windows-Anwendung wartet nun auf Interaktionen des Nutzers und führt diese sofort aus. Bei unserem einfachen Beispiel kann das Fenster wie gewöhnlich mit der Maus in der Kopfzeile des Fensters verschoben, durch Ziehen mit der Maus an allen vier Seiten vergrößert oder verkleinert oder mit den linken beiden Buttons zu einem Icon auf der Taskleiste verkleinert oder auf den gesamten Bildschirm vergrößert werden. Zum Beenden der Anwendung muss der rechte obere Button angeklickt werden.

4.2 Grafische Steuerelemente

Der Name *grafisches Steuerelement* bringt deren Zweck und eine wichtige Eigenschaft zum Ausdruck. Mit diesen Elementen legt der Nutzer fest, was das Programm jeweils als nächstes tun soll. Da es sich um grafische Steuerelemente handelt, belegen sie eine bestimmte Fläche im Fenster der Anwendung. Die Gesamtfläche, die mehrere grafische Steuerelemente aufnehmen kann, ist ein Objekt der Klasse `Container` aus dem Paket `java.awt`. In der Klasse `JFrame` ist das Objekt `contentPane` das globale `Container`-Objekt.

Alle Swing-Steuerelemente erben von der abstrakten Klasse `JComponent`. Da die Klasse `JComponent` von der Klasse `Container` abgeleitet ist, kann ein Swing-Steuerelement als Container für andere Swing-Steuerelemente dienen.

Auf diese Weise entsteht eine Hierarchie der Steuerelemente.

Aus der großen Anzahl von Steuerelementen wollen wir hier nur einige erwähnen. Ein Objekt der Klasse `JLabel` kann einen Text oder ein Icon (kleines Bild) oder beides anzeigen. Was durch ein `JLabel` angezeigt wird, kann vom Programm, aber nicht direkt von Nutzer geändert werden. Zur Eingabe von Texten oder Zahlen durch den Nutzer dient das Steuerelement `JTextField`. Objekte der Klasse `JButton` sind beschriftete Schaltflächen, mit denen der Nutzer eine bestimmte Aktion auslösen kann. Objekte der Klasse `JRadioButton` werden vom Nutzer zur Auswahl zwischen verschiedenen Optionen verwendet. Mit einem Objekt der Klasse `JCheckBox` kann der Nutzer eine JA/NEIN-Entscheidung treffen. Die Eigenschaften aller Swing-Steuerelemente kann man im Internet im Paket `javax.swing` unter

`http://docs.oracle.com/javase/8/docs/api/overview-summary.html`

nachlesen.

Swing-Steuerelemente werden auch als Komponenten bezeichnet. Das kommt daher, dass jedes Swing-Steuerelement selbst aus mehreren Klassen aufgebaut ist. In jedem Steuerelement dient eine Klasse nur zur Anzeige (View), eine Klasse zur Steuerung (Controller) und eine Klasse für das grundlegende Modell und die Daten (Model). Die Objekte der ersten beiden Klassen können gegen andere Objekte ausgetauscht werden. Auf diese Weise kann sogar zur Laufzeit des Programms das *Look and Feel* der Swing-Steuerelemente verändert werden.

Die Klasse `JPanel` dient als Container für andere Swing-Steuerelemente. Die Anordnung dieser Elemente in einem `JPanel`-Objekt kann durch ein zugeordnetes Objekt, ein `Layout`-Objekt, gesteuert werden. Am Beispiel der Klasse `Konto` aus der Abbildung 4.3 schauen wir uns an, wie die Swing-Steuerelemente miteinander kombiniert werden.

Die Windows-Anwendung enthält sechs Steuerelemente. Jeweils zwei Steuerelemente befinden sich auf einer Zeile. Ein Objekt der Klasse `JPanel` fasst die beiden Steuerelemente einer Zeile zu einer Einheit zusammen. Die drei `JPanel`-Objekte sind untereinander angeordnet. Wir können sie wieder in ei-

4.2 Grafische Steuerelemente 73

Abbildung 4.3 Swing-Steuerelemente in der Windows-Anwendung Konto

nem JPanel-Objekt zusammenfassen und brauchen nur mit einem geeigneten Layout dafür zu sorgen, dass sie vertikal angeordnet werden.

Die Abbildung 4.4 zeigt das Programm, mit dem das Anwendungsfenster aus der Abbildung 4.3 erzeugt wurde. Die Importanweisungen in den Zeilen 1 und 2 werden benötigt, um auf die Swing-Komponenten sowie das verwendete BoxLayout und die Klasse Font zugreifen zu können.

Die drei JPanel-Objekte der horizontalen Bereiche werden von einem umgebenden JPanel verwaltet. In der Zeile 3 der Abbildung 4.4 erbt die Klasse Konto von der Klasse JPanel und kann somit als JPanel verwendet werden. In den Zeilen 4, 6 und 8 werden Referenzvariablen für die drei JPanel-Objekte der Zeilen definiert. Der Zahlenwert des Kontostands darf nur vom Programm und nicht vom Nutzer geändert werden. Deshalb wird hierfür in der Zeile 5 eine JLabel-Referenz definiert. Der Nutzer kann aber festlegen, wieviel er auf das Konto einzahlen oder von dem Konto abheben möchte. Deshalb wird hierfür eine JTextField-Referenz in der Zeile 7 definiert. Die beiden JButton-Objekte in der unteren Zeile werden später für die Interaktion benötigt. Deshalb werden Referenzvariablen dafür in den Zeilen 9 und 10 definiert. Die beiden zur Erläuterung links stehenden Begriffe bleiben unverändert. Deshalb können die Referenzen auf die zugehörigen JLabel-Objekte unmittelbar nach dem Erzeugen an die sie verwaltenden JPanel-Objekte übergeben werden und man benötigt keine zusätzlichen Referenzvariablen.

Im Konstruktor werden alle Objekte der Anwendung erzeugt und in der erforderlichen Weise miteinander kombiniert. Dem in der Zeile 12 neu erzeugten

```java
1   import javax.swing.*;
2   import java.awt.*;
3   public class Konto extends JPanel{
4     private JPanel p_ks;
5     private JLabel l_kontostand;
6     private JPanel p_betrag;
7     private JTextField tf_betrag;
8     private JPanel p_buttons;
9     private JButton b_plus;
10    private JButton b_minus;
11    public Konto(){
12      p_ks = new JPanel();
13      p_ks.add(new JLabel("Kontostand"));
14      l_kontostand = new JLabel("0.00");
15      l_kontostand.setBackground(Color.yellow);
16      l_kontostand.setOpaque(true);
17      l_kontostand.setFont(new Font(Font.SERIF,Font.PLAIN, 20));
18      p_ks.add(l_kontostand);
19      p_betrag = new JPanel();
20      p_betrag.add(new JLabel("Betrag"));
21      tf_betrag = new JTextField(7);
22      p_betrag.add(tf_betrag);
23      p_buttons = new JPanel();
24      p_buttons.add(b_plus = new JButton("einzahlen"));
25      p_buttons.add(b_minus = new JButton("abheben"));
26      setLayout(new BoxLayout(this,BoxLayout.Y_AXIS));
27      add(p_ks);
28      add(p_betrag);
29      add(p_buttons);
30    }
31    public static void main(String[] args){
32      JFrame f = new JFrame();
33      f.setTitle("Konto");
34      f.setLocation(100, 50);
35      f.setSize(250, 150);
36      f.setDefaultCloseOperation(JFrame.EXIT_ON_CLOSE);
37      f.getContentPane().add(new Konto());
38      f.setVisible(true);
39    }
40  }
```

Abbildung 4.4 Steuerelemente erzeugen und zur Anwendung Konto kombinieren

4.3 Ereignisbehandlung

JPanel-Objekt für die Anzeige des Kontostandes wird in der Zeile 13 das neu erzeugte JLabel-Objekt unmittelbar zugeordnet. Der aktuelle Zahlenwert des Kontos wird in dem JLabel-Objekt l_kontostand angezeigt. Dieses Objekt wird in der Zeile 14 erzeugt, in den Zeilen 15 und 16 mit einer gelben Hintergrundfarbe versehen, in der Zeile 17 mit einer größeren Schrift ausgestattet und in der Zeile 18 mit der Methode add() dem JPanel-Objekt p_ks zugeordnet. In analoger Weise werden in den Zeile 19 bis 25 die anderen beiden JPanel-Objekte aufgebaut.

Die Klasse Konto ist (aus grafischer Sicht) ein JPanel. Um die drei JPanel-Objekte der Zeilen untereinander anzuordnen, wird dem globalen JPanel in der Zeile 26 ein neues Objekt der Klasse BoxLayout zugeordnet und mit der Konstante Y_AXIS die senkrechte Anordnung festgelegt. Zur Fertigstellung des gesamten Layouts werden abschließend in den Zeilen 27 bis 29 des Konstruktors der Klasse Konto die drei elementaren JPanel-Objekt mit der Methode add() dem globalen JPanel-Objekt zugeordnet.

Das JFrame-Objekt f wird in der main()-Methode als Träger der Windows-Anwendung Konto anlog zu unserem vorherigen Beispiel erzeugt. Der gesamte Inhalt entsteht dadurch, dass in der Zeile 37 ein neues Objekt der Klasse Konto erzeugt und dem Container-Objekt contentPane mit der add()-Methode zugeordnet wird. An dieser Anweisung erkennt man sehr schön die Leistungsfähigkeit der objektorientierten Programmierung.

4.3 Ereignisbehandlung

Bei der bisherigen Vorgehensweise der Programmierung wurde die Reihenfolge der auszuführenden Anweisungen vom Programm festgelegt, und der Nutzer konnte an bestimmten Stellen Daten eines vorgeschriebenen Typs eingeben. Bei der interaktiven Programmierung sind die Rollen von Programm und Nutzer vertauscht, d.h. der Nutzer entscheidet durch seine Interaktion mit dem Programm, welche Aktionen das Programm als nächstes ausführen soll.

Diese vertauschten Rollen von Nutzer und Computer erfordern eine entsprechende Anpassung im Programm. Interagieren kann der Nutzer nur direkt mit den grafischen Steuerelementen. Das Bindeglied zwischen einem Steuerelement und den auszuführenden Anweisungen ist eine deklarierte Operation in einem Interface. In Java enden die Namen aller solcher Interfaces mit `Listener`, was mit Empfänger oder Zuhörer übersetzt werden kann. Für die Ereignisquelle `JButton` heißt das Interface `ActionListener`.

Um auf ein Ereignis reagieren zu können, muss man die Operation aus dem Interface in einer Klasse als Methode implementieren. Diese Methode enthält die Anweisungen, die ausgeführt werden sollen, wenn das zugehörige Ereignis eintritt. In einem `ActionListener` ist die Operation `actionPerformed()` deklariert. Diese Methode hat als Parameter die Referenz auf ein Objekt der Klasse `ActionEvent`, das wie alle Ereignisobjekte eine Referenz auf den Sender des Ereignisses enthält.

Ein Steuerelement weiß zunächst nicht, in welchen Klassen die speziellen Ereignisbehandlungsmethoden implementiert sind und für welche Objekte dieser Klassen diese Methoden beim Eintreten des Ereignisses ausgeführt werden sollen. Die grafischen Steuerelemente enthalten Methoden, die mit `add` beginnen und mit dem Namen des verwendeten Interfaces enden. In der Klasse `JButton` gibt es die Methode `addActionListener()`.

Einer solchen Methode des Steuerobjektes wird als Parameter die Referenzvariable auf das Objekt übergeben, das die Operation aus dem Interface als Methode implementiert. Jedes Steuerelement verwaltet alle auf diese Weise registrierten `Listener`-Objekte in einer Liste und ruft immer dann, wenn der Nutzer das zugehörige Ereignis auslöst, für alle registrierten Objekte die implementierten Methoden auf.

Als Beispiel vervollständigen wir die Anwendung aus dem vorherigen Abschnitt so, dass durch Anklicken der `JButton`-Objekte *einzahlen* bzw. *abheben* der im `JTextField tf_betrag` korrekt angegebene Betrag zum Kontostand addiert bzw. davon subtrahiert wird. Die Abbildung 4.5 zeigt das Aussehen des Fensters der erweiterten Anwendung Konto, nachdem der angezeigte Betrag zwei-

4.3 Ereignisbehandlung   77

Abbildung 4.5 Windows-Anwendung Konto - angezeigter Betrag zweimal eingezahlt

mal eingezahlt wurde.

Um die Funktionalität herzustellen, sind nur wenige Ergänzungen in dem Programm aus der Abbildung 4.4 notwendig.

```
import java.awt.event.*;
public class Konto extends JPanel implements ActionListener{
```

Für den Zugriff auf das Interface `ActionListener` und die Klasse `ActionEvent` wird das Paket `java.awt.event` importiert. Bei dieser einfachen Anwendung wird die Ereignisbehandlung direkt in der Klasse `Konto` vorgenommen. Deshalb muss `implements ActionListener` bei der Definition der Klasse `Konto` ergänzt werden. Die nachfolgenden beiden Anweisungen werden am Ende des Konstruktors eingefügt. Sie sorgen dafür, dass die `JButton`-Objekte `b_plus` und `b_minus` die Methode `actionPerformed()` im erzeugten Objekt der Klasse `Konto` aufrufen, wenn der Nutzer diese Schaltflächen anklickt.

```
b_plus.addActionListener(this);
b_minus.addActionListener(this);
```

Zur Ereignisbehandlung wird die Methode `actionPerformed()` aus der Abbildung 4.6 der Klasse `Konto` hinzugefügt. Für die Berechnung werden in den Zeilen 2 und 3 lokale Variablen für den Kontostand `konto` und den Änderungsbetrag `betrag` angelegt. In den Zeile 4 und 5 werden diese Werte aus den Steuerelementen gelesen. Die Methode `getText()` liefert zunächst die im `JLabel`-Objekt `l_kontostand` bzw. im `JTextField`-Objekt `tf_betrag` gespeicherte Zeichenkette. Die statische Methode `parseDouble()` der Klasse `Double`

```java
1   public void actionPerformed(ActionEvent e){
2     double konto;
3     double betrag = 0.0;
4     konto = Double.parseDouble(l_kontostand.getText());
5     betrag = Double.parseDouble(tf_betrag.getText());
6     if(e.getSource() == b_plus)
7        konto += betrag;
8     if(e.getSource() == b_minus)
9        konto -= betrag;
10    if (e.getSource() == b_plus || e.getSource() == b_minus)
11       l_kontostand.setText(
12          String.format("%.2f", konto).replace(',','.'));
13  }
```

Abbildung 4.6 Methode zur Ereignisbehandlung in der Klasse `Konto`

wandelt diese Zeichenketten jeweils in eine elementare `double`-Zahl um. Wir nehmen hier zur Vereinfachung an, dass als Betrag ein korrekter Wert eingegeben wurde.

Die Methode `getSource()` der Klasse **ActionEvent** gibt als Ergebnis die Referenz auf das Objekt zurück, das dieses Ereignis gesendet hat. Durch den Vergleich mit den Referenzen `b_plus` bzw. `b_minus` wird in den Zeilen 6 bzw. 8 ermittelt, welche Schaltfläche der Nutzer betätigt hat. In Abhängigkeit von dieser Überprüfung wird in den Zeilen 7 bzw. 9 der neue Kontostand durch Addition bzw. Subtraktion aus dem alten Wert des Kontostands und dem eingegebenen Betrag berechnet und auf der lokalen Variable `konto` gespeichert.

Dieser neue Wert muss nach dem Anklicken jeder dieser beiden Schaltflächen zur Anzeige mit der Methode `setText()` in das `JLabel`-Objekt `l_kontostand` übertragen werden. Nach der Überprüfung in der Zeile 10, dass eine der beiden Schaltflächen unserer Anwendung das Ereignis ausgelöst hat, geschieht die Umwandlung der `double`-Zahl `konto` in eine Zeichenkette mit der statischen Methode `format` der Klasse `String` in der Zeile 12. Die `replace()` Methode ersetzt das zunächst erzeugte Komma durch einen Punkt. Die Methode `setText()` überträgt diese Zeichenkette in das `JLabel`-Objekt `l_kontostand`, so dass immer der aktuelle Kontostand angezeigt wird.

4.4 Grafische Darstellungen

Linien, Flächen oder Bilder entstehen auf dem Bildschirm oder Drucker dadurch, dass jedem in einem Raster eng nebeneinander angeordneten Bildpunkt eine Farbe zugewiesen wird. Diese mühevolle Aufgabe müssen wir nicht selbst erledigen. Die Klasse `Graphics` stellt zur Darstellung der verschiedenen grafischen Elemente geeignete Methoden zur Verfügung. Methoden der Klasse `Graphics`, die mit `draw` beginnen, dienen zum Zeichnen von Linien, der Ränder von Flächen oder ganzen Bildern. Methoden dieser Klasse, die mit `fill` beginnen, füllen die Flächen aus. Man sollte die `fill`-Methoden vor den `draw`-Methoden ausführen, damit der Rand nicht verdeckt wird.

Eine Besonderheit ergibt sich für grafische Darstellungen aus den technischen Randbedingungen. Das Fenster, in dem die grafische Darstellung erfolgt, kann ganz oder teilweise von anderen Fenstern verdeckt sein. Wird das Fenster wieder sichtbar, so muss die grafische Darstellung erneut gezeichnet werden. Dazu gibt es die Methode `paintComponent()` in jeder Klasse, die von `JComponent` erbt. In dieser Methode muss man beschreiben, was in der zugehörigen Zeichenfläche dargestellt werden soll. Die Methode `paintComponent()` erhält als Parameter die Referenz auf ein `Graphics`-Objekt, das die Position und die Größe der Zeichenfläche der Komponente kennt. Wir sollten deshalb alle grafischen Darstellungen in der Methode `paintComponent()` einer Klasse, die von `JComponent` erbt, vornehmen.

Weiterhin ist das Färben der einzelnen Pixel eine zeitaufwendige Aufgabe. Sie wird deshalb parallel zur eigentlichen Programmausführung erledigt. Deshalb kann man die Methode `paintComponent()` auch nicht direkt aufrufen. Auf indirektem Weg können wir in einer grafischen Anwendung den Aufruf von `paintComponent()` durch die Methode `repaint()` der Klasse `Component` erreichen. Da ein Objekt der Klasse `JComponent` andere Komponenten enthalten kann, sollte als erste Anweisung in der `paintComponent()`-Methode immer

```
super.paintComponent(g);
```

stehen.

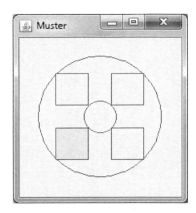

Abbildung 4.7 Grafische Darstellungen in der Windows-Anwendung `Muster`

Technische Geräte beginnen mit der Färbung der Pixel links oben, färben die Pixel einer Zeile jeweils von links nach rechts und setzen dann mit der darunterliegenden Zeile fort. Das hat dazu geführt, dass der Koordinatenursprung (0,0) links oben liegt, die x-Koordinaten nach rechts und die y-Koordinaten nach unten größer werden.

Als Beispiel schauen wir uns die Klasse `Muster` an, die das Fenster aus der Abbildung 4.7 erzeugt und dazu die Klassen `Kreis` (siehe Abbildung 3.3) und `Quadrat` (siehe Abbildung 5.11) verwendet.

Die Abbildung 4.8 zeigt das komplette Programm, das die grafische Darstellung der Abbildung 4.7 erzeugt. Diese Klasse `Muster` wurde dem Paket `geometrie` zugeordnet, um direkt auf die Klassen `Kreis` und `Quadrat` zugreifen zu können. Die in der Zeile 4 definierte Klasse `Muster` erbt von der Klasse `JComponent`, um die grafische Darstellung zu ermöglichen. Das Feld für Referenzen auf Objekte, die von der Klasse `Flaechenteil` erben, dient zur polymorphen Verwaltung von Objekten der Klassen `Kreis` und `Quadrat`. Im Konstruktor werden die darzustellenden Objekte erzeugt und im Feld `ft` gespeichert. Dem Attribut `selected` wird der Wert 2 als Kennzeichen der grün zu färbenden Fläche zugewiesen.

Die Methode `paintComponent()` in den Zeilen 19 bis 30 wird in dieser An-

4.4 Grafische Darstellungen

```
 1  package geometrie;
 2  import javax.swing.*;
 3  import java.awt.*;
 4  public class Muster extends JComponent{
 5    private Flaechenteil [] ft;
 6    int selected;
 7    public Muster(){
 8      double d = 20.0 + Math.sqrt(20.0 * 20.0 / 2.0);
 9      ft = new Flaechenteil [6];
10      ft[0] = new Kreis(100.0, 100.0, 20.0);
11      ft[1] = new Quadrat(100.0 - d, 100.0 - d, 40.0);
12      ft[2] = new Quadrat(100.0 - d, 100.0 + d, 40.0);
13      ft[3] = new Quadrat(100.0 + d, 100.0 - d, 40.0);
14      ft[4] = new Quadrat(100.0 + d, 100.0 + d, 40.0);
15      ft[5] = new Kreis(100.0, 100.0,
16          20.0 + Math.sqrt(40.0 * 40.0 + 40.0 * 40.0));
17      selected = 2;
18    }
19    public void paintComponent(Graphics g){
20      super.paintComponent(g);
21      g.setColor(Color.blue);
22      for(int i = 0; i < ft.length; i++){
23        if (i == selected){
24          g.setColor(Color.green);
25          ft[i].fill(g);
26          g.setColor(Color.blue);
27        }
28        ft[i].draw(g);
29      }
30    }
31    public static void main(String[] args){
32      JFrame f = new JFrame();
33      f.setTitle("Muster");
34      f.setLocation(100, 50);
35      f.setSize(218, 240);
36      f.setDefaultCloseOperation(JFrame.EXIT_ON_CLOSE);
37      f.getContentPane().add(new Muster());
38      f.setVisible(true);
39    }
40  }
```

Abbildung 4.8 Klasse Muster, die zwei Kreise und vier Quadrate grafisch darstellt

wendung implizit aufgerufen, sobald das Fenster auf dem Bildschirm erscheint. Die in der Zeile 20 für die Basisklasse aufgerufene Methode `paintComponent()` trägt zur Reduktion des Zeichenaufwandes für sich überdeckende Flächen bei. In der `for`-Schleife der Zeilen 22 bis 29 werden alle grafischen Objekte gezeichnet, deren Referenzen im Feld `ft` gespeichert sind. Zum Zeichnen aller Ränder genügt dazu die Zeile 28 wegen der polymorph in den Klassen `Kreis` und `Quadrat` überladenen Methode `draw()`. Die durch das Attribut `selected` festgelegte Fläche wird in der Zeile 25 mit der zuvor dem `Graphics`-Objekt `g` zugeordneten grünen Farbe gefüllt. Die Zeile 26 setzt die Zeichenfarbe für die nachfolgenden Darstellungen auf `blue` zurück. In der Zeile 37 wird ein Objekt der Klasse `Muster` der Client-Fläche des Fensters zugeordnet.

4.5 Aufgaben

Aufgabe 4.1. Erweitern Sie die Klasse `Konto` aus der Abbildung 4.4 und den Ergänzungen aus dem Abschnitt 4.3 durch zwei Zeilen für die Eingabe des Zinssatzes und die Anzeige der Zinsen, die sich bei dem aktuellen Kontostand für ein Jahr ergeben. Verwenden Sie ein `JTextField` als Eingabefeld für den Zinssatz und ein `JLabel` für die Anzeige der Zinsen. Das Betätigen der *Enter*-Taste in diesem Steuerelement löst analog zu einem `JButton`-Objekt ein `ActionEvent` aus und soll zur Aktualisierung der Anzeige der Zinsen verwendet werden.

Aufgabe 4.2. Leiten Sie von der Klasse `Muster` aus der Abbildung 4.8 eine Klasse `Auswahl` ab, in der durch einen Klick mit der linken Maustaste in eines der vier Quadrate nur das zugehörige Quadrat grün gefärbt wird. Zur Ereignissteuerung von Mausereignissen gibt es das Interface `MouseListener`. Um auf einen Maus-Klick zu reagieren, kann man die Methode `mouseClicked()` verwenden. Diese Methode erhält als Parameter eine Referenz auf ein Objekt der Klasse `MouseEvent`, aus dem man mit den Methoden `getX()` bzw. `getY()` die Koordinaten abfragen kann, an denen der Maus-Klick stattgefunden hat. Alle anderen Operationen aus dem Interface `MouseListener` müssen implementiert werden, benötigen aber keine Anweisungen.

5 Lösungen der Aufgaben

5.1 Lösungen zum Abschnitt 1

Lösung 1.1. Das Java-Programm wird mit `javac` kompiliert und mit `java` ausgeführt. Auf dem Bildschirm sieht man den folgenden Inhalt.

```
C:\jpa>javac HelloWorld.java

C:\jpa>java HelloWorld
Hello World!
```

Lösung 1.2. Man erhält die Werte x1=-0.5 und x2=-4.5.

Lösung 1.3. Wenn für p der Wert 2,0 und für q der Wert 1,0 eingegeben werden (Achtung, hier Komma statt Punkt!), so stimmen die Ergebniswerte x1=-1.0 und x2=-1.0 überein. Für die Eingabe der Werte 2,0 für p und 2,0 für q wird der Wert unter der Wurzel negativ, so dass es keine Lösungen gibt und als Ausgabe x1=NaN und x2=NaN erscheint (NaN: not a number).

Lösung 1.4. Unter Verwendung der formatierten Ausgabe mit `printf()` erfüllt das folgende Programm die Anforderungen der Aufgabe.

```java
public class AllIntOp{
  public static void main(String[] args) {
    int i = 11,
        j =  4;
    System.out.printf("%d + %d = %d\n", i, j, i+j);
    System.out.printf("%d - %d = %d\n", i, j, i-j);
    System.out.printf("%d * %d = %d\n", i, j, i*j);
    System.out.printf("%d / %d = %d\n", i, j, i/j);
    System.out.printf("%d %% %d = %d\n", i, j, i%j);
  }
}
```

Da das Zeichen % als Steuerzeichen dient, um das auszugebende Format zu beschreiben, muss man zur Ausgabe des Zeichens % dieses Zeichen zweimal hintereinander angeben. Das Programm liefert die folgende Ausgabe.

```
C:\jpa>java AllIntOp
11 + 4 = 15
11 - 4 = 7
11 * 4 = 44
11 / 4 = 2
11 % 4 = 3
```

Lösung 1.5. Unter Verwendung der formatierten Ausgabe mit `printf()` erfüllt das folgende Programm die Anforderungen der Aufgabe.

```java
public class AllDoubleOp{
  public static void main(String[] args) {
    double a = 6.6,
           b = 2.1;
    System.out.printf("%3.1f + %3.1f = %6.3f\n", a, b, a+b);
    System.out.printf("%3.1f - %3.1f = %6.3f\n", a, b, a-b);
    System.out.printf("%3.1f * %3.1f = %6.3f\n", a, b, a*b);
    System.out.printf("%3.1f / %3.1f = %6.3f\n", a, b, a/b);
    System.out.printf("%3.1f %% %3.1f = %6.3f\n", a, b, a%b);
  }
}
```

Das Programm liefert die folgende Ausgabe.

```
C:\jpa>java AllDoubleOp
6,6 + 2,1 =  8,700
6,6 - 2,1 =  4,500
6,6 * 2,1 = 13,860
6,6 / 2,1 =  3,143
6,6 % 2,1 =  0,300
```

Das Ergebnis der Division gibt den Quotienten als Gleitkommazahl an. Als Ergebnis der `Modulo`-Operation 6,6 % 2,1 ergibt sich 0,300, weil

$$3 * 2{,}1 + 0{,}300 = 6{,}6$$

ist, wobei die 3 der ganzzahlige Anteil der Division 6,6 \ 2,1 ist.

5.1 Lösungen zum Abschnitt 1

Lösung 1.6. Auf dem Bildschirm wird die Funktionstabelle der Negation angezeigt.

```
C:\jpa>java TabNegation
b       !b
--------------
true    false
false   true
--------------
```

Lösung 1.7. Der Wert des Vergleichs (5 >= i) ist `false` für i=9. Deshalb muss der Vergleich rechts von der Disjunktion ausgeführt werden. Der Wert des Vergleichs (5.1e-2 < a) ist `true` für a=6.3e-1. Als Wert der Disjunktion ergibt sich `true`, so dass der Vergleich rechts von der Konjunktion ausgeführt werden muss. Der Wert des Vergleichs ('x' == c) ist `false` für c='y'. Als Wert des gesamten Ausdrucks ergibt sich somit `false`. Als Ergebnis des Programms

```java
public class RelationOp{
  public static void main(String[] args) {
    int    i = 9;
    double a = 6.3e-1;
    char   c = 'y';
    boolean b;
    b = (((5 >= i) || (5.1e-2 < a)) && ('x' == c));
    System.out.println("Wert des Ausdrucks: " + b);
  }
}
```

wird auf dem Bildschirm

```
Wert des Ausdrucks: false
```

angezeigt. Die Klammern könnten in dem Ausdruck rechts vom Gleichheitszeichen in der Zeile 7 entfallen. Mit Klammern ist ohne Nachdenken über die Priorität (Vorrang) und die Assoziativität (Bindung einer Operation an den linken bzw. rechten Operanden) klar, in welcher Reihenfolge die Auswertung eines Ausdrucks erfolgen soll.

5.2 Lösungen zum Abschnitt 2

Lösung 2.1. Beispiele von Programmausgaben für die drei Lösungsfälle sind:

```
1  Eingabe von p: 10
2  Eingabe von q: 5
3  zwei reelle Wurzeln
4  x1=-0.5278640450004204
5  x2=-9.47213595499958
```

```
1  Eingabe von p: 4
2  Eingabe von q: 4
3  eine reelle Wurzel
4  x=-2.0
```

```
1  Eingabe von p: 1
2  Eingabe von q: 10
3  keine reellen Wurzeln
```

Lösung 2.2. Die Abbildung 5.1 zeigt das gesuchte Programm zur Volumenberechnung. Durch die `if`-Anweisung in der Zeile 9 wird sichergestellt, dass der Wert der Variablen `auswahl` entweder 1 oder 2 ist. Die Zeilen 10 und 11 dienen zur Eingabe des auf jeden Fall benötigten Radius. Die für die Berechnung des Zylindervolumens benötigte Höhe wird in der `if`-Anweisung in den Zeilen 12 bis 15 eingegeben. In der `if-else`-Anweisung in den Zeilen 16 bis 21 wird entsprechend der Auswahl entweder das Volumen der Kugel oder das Volumen des Zylinders berechnet und sofort ausgegeben.

Lösung 2.3. Die Abbildung 5.2 zeigt das gesuchte Programm zur Berechnung der Fakultät. Der größte Wert für n, dessen Wert für $n!$ auf einer Variablen vom Typ `int` gespeichert werden kann, ist 12.

```
1  Eingabe n: 12
2  Ergebnis: 12! = 479001600
```

Lösung 2.4. Die Abbildung 5.3 zeigt das gesuchte Programm zur Berechnung und Anzeige der transponierten Matrix.

5.2 Lösungen zum Abschnitt 2

```
1   import java.util.Scanner;
2   public class  Volumen{
3     public static void main(String[] args) {
4       int auswahl;
5       double r = 1.0, h = 1.0;
6       Scanner scanner = new Scanner(System.in);
7       System.out.print("Kugel (1) oder Zylinder (2): ");
8       auswahl = scanner.nextInt();
9       if(auswahl < 1 || auswahl > 2) auswahl = 1;
10      System.out.print("Eingabe Radius: ");
11      r = scanner.nextDouble();
12      if(auswahl == 2){
13        System.out.print("Eingabe Hoehe: ");
14        h = scanner.nextDouble();
15      }
16      if(auswahl == 1)
17        System.out.println("Volumen der Kugel: " +
18                      (4.0 / 3.0 * Math.PI * r * r * r));
19      else
20        System.out.println("Volumen des Zylinders: " +
21                      (Math.PI * r * r * h));
22    }
23  }
```

Abbildung 5.1 Volumen einer Kugel oder eines Zylinders

```
1   import java.util.Scanner;
2   public class Fakultaet{
3     public static void main(String[] args) {
4       int n, i, fak;
5       Scanner scanner = new Scanner(System.in);
6       System.out.print("Eingabe n: ");
7       n = scanner.nextInt();
8       for (i = fak = 1; i <= n; i++)
9         fak = fak * i;
10      System.out.println("Ergebnis: " + n + "! = " + fak);
11    }
12  }
```

Abbildung 5.2 Berechnung der Fakulät $n!$

```
 1  public class TranspMatrix{
 2    public static void main(String[] args) {
 3      int [][] m = {{0, 1, 2, 3}, {1, 2, 3, 4}, {2, 3, 4, 5}};
 4      int [][] mt = new int [4][3];
 5      System.out.println("transponierte Matrix mt:");
 6      for(int i = 0; i < mt.length; i++){
 7        for(int j = 0; j < mt[i].length; j++){
 8          mt[i][j] = m[j][i];
 9          System.out.print(" " + mt[i][j]);
10        }
11        System.out.println("");
12      }
13    }
14  }
```

Abbildung 5.3 Berechnung der transponierten Matrix

Lösung 2.5. Die Abbildung 5.4 zeigt das gesuchte Programm zur Berechnung der Anzahl der Primzahlen, die kleiner als 1000 sind. Es gibt 168 Primzahlen, die kleiner als 1000 sind.

```
 1  public class Primzahl1000{
 2    public static void main(String[] args) {
 3      int anzahl = 0;
 4      boolean primzahl;
 5      for(int zahl = 2; zahl < 1000; zahl++){
 6        primzahl = true;
 7        for(int i = 2; i < zahl - 1; i++)
 8          if (zahl % i == 0) {
 9            primzahl = false;
10            break;
11          }
12        if (primzahl) anzahl++;
13      }
14      System.out.println("Anzahl der Primzahlen: " + anzahl);
15    }
16  }
```

Abbildung 5.4 Berechnung der Anzahl der Primzahlen, die kleiner als 1000 sind

5.3 Lösungen zum Abschnitt 3

Lösung 3.1. Die Abbildung 5.5 zeigt das gesuchte Programm zur Addition, Subtraktion und Anzeige komplexer Zahlen.

```java
public class Komplex{
  public double rv, iv;
  public static void main(String[] args){
    Komplex k1 = new Komplex(1.2, 2.3);
    Komplex k2 = new Komplex(1.7, -3.4);
    Komplex k3;
    k3 = k1.add(k2);
    System.out.printf("%s + %s = %s\n", k1, k2, k3);
    k3 = k1.sub(k2);
    System.out.printf("%s - %s = %s\n", k1, k2, k3);
  }
  public Komplex(){
    rv = iv = 0.0;
  }
  public Komplex(double rv, double iv){
    this.rv = rv;
    this.iv = iv;
  }
  public Komplex add(Komplex k){
    Komplex erg = new Komplex();
    erg.rv = rv + k.rv;
    erg.iv = iv + k.iv;
    return erg;
  }
  public Komplex sub(Komplex k){
    Komplex erg = new Komplex();
    erg.rv = rv - k.rv;
    erg.iv = iv - k.iv;
    return erg;
  }
  @Override
  public String toString(){
    if (iv >= 0.0)
      return String.format("(%.2f + %.2f i)", rv, iv);
    else
      return String.format("(%.2f - %.2f i)", rv, -iv);
  }
}
```

Abbildung 5.5 Klasse zur Addition, Subtraktion und Anzeige komplexer Zahlen

Für die Attribute rv und iv wurde das Zugriffsrecht `public` gewählt, da jeder `double`-Wert zulässig ist und keine sonstigen Abhängigkeiten bestehen. Da die Methode `toString()` für die Ausgabe der im Objekt gespeicherten komplexen Zahl überladen wurde, können die Referenzen k1, k2 und k3 in den Ausgabeanweisungen der Zeilen 8 und 10 direkt verwendet werden.

Lösung 3.2. Die Abbildung 5.6 zeigt die gesuchte Klasse R für einen Widerstand. Wegen der wechselseitigen Abhängigkeit von Widerstand, Spannung und Strom sind die Attribute r, u und i durch das Schlüsselwort `private` vor dem freien Zugriff geschützt. Die Methoden `setU()` und `setI()` sorgen für konsistente Werte dieser Attribute. Die Methoden `getR()`, `getU()` und `getI()` können unverändert in den abgeleiteten Klassen RS und PS verwendet werden.

```
1   package netzwerk;
2   public class R{
3     private double r, u, i;
4     public R(double r){
5       this.r = r;
6       u = i = 0.0;
7     }
8     public void setU(double u){
9       this.u = u;
10      i = u / r;
11    }
12    public void setI(double i){
13      this.i = i;
14      u = i * r;
15    }
16    public double getR(){
17      return r;
18    }
19    public double getU(){
20      return u;
21    }
22    public double getI(){
23      return i;
24    }
25  }
```

Abbildung 5.6 Klasse R für einen Widerstand

5.3 Lösungen zum Abschnitt 3

```
1  package netzwerk;
2  public class RS extends R{
3    private R rRS1, rRS2;
4    public RS(R ra, R rb){
5      super(ra.getR() + rb.getR());
6      rRS1 = ra;
7      rRS2 = rb;
8    }
9    @Override
10   public void setU(double u){
11     super.setU(u);
12     rRS1.setI(getI());
13     rRS2.setI(getI());
14   }
15   @Override
16   public void setI(double i){
17     super.setI(i);
18     rRS1.setI(i);
19     rRS2.setI(i);
20   }
21 }
```

Abbildung 5.7 Klasse RS für die Reihenschaltung von zwei Widerständen

```
1  package netzwerk;
2  public class PS extends R{
3    private R rPS1, rPS2;
4    public PS(R ra, R rb){
5      super((ra.getR() * rb.getR())/(ra.getR() + rb.getR()));
6      rPS1 = ra;
7      rPS2 = rb;
8    }
9    @Override
10   public void setU(double u){
11     super.setU(u);
12     rPS1.setU(u);
13     rPS2.setU(u);
14   }
15   @Override
16   public void setI(double i){
17     super.setI(i);
18     rPS1.setU(getU());
19     rPS2.setU(getU());
20   }
21 }
```

Abbildung 5.8 Klasse PS für die Parallelschaltung von zwei Widerständen

Die Abbildung 5.7 zeigt die gesuchte Klasse RS für die Reihenschaltung von

```
1   package netzwerk;
2   public class Analyse{
3     public static void main(String[] args){
4       R [] r = new R[5];
5       r[0] = new R(3.3);
6       r[1] = new R(8.2);
7       r[2] = new R(6.8);
8       r[3] = new RS(r[0], r[1]);
9       r[4] = new PS(r[3], r[2]);
10      r[4].setU(5.0);
11      for(int i = 0; i < 5; i++)
12        System.out.printf(
13          "R[%d] = %5.2f Ohm, U[%d] = %5.2f V, I[%d] = %5.2f A\n",
14          i, r[i].getR(), i, r[i].getU(), i, r[i].getI());
15    }
16  }
```

Abbildung 5.9 Klasse `Analyse` für das Widerstandsnetzwerk

zwei Widerständen. Durch die Zeile 5 wird erreicht, dass im Konstruktor sofort der Gesamtwiderstand der Reihenschaltung in dem geerbten Attribut `r` des erzeugten Objekts gespeichert wird. In der redefinierten `setU()`-Methode wird die Spannung dem Gesamtwiderstand der Reihenschaltung durch die `setU()`-Methode der Basisklasse zugeordnet. Der sich daraus ergebende *einheitliche* Strom der Reihenschaltung wird mit der geerbten Methode `getI()` ermittelt und beiden Widerständen zugeordnet. Der an die `setI()`-Methode übergebene Strom gilt einheitlich für den Gesamtwiderstand der Reihenschaltung (`super.setI(i)`) und die beiden Teilwiderstände. Die Abbildung 5.8 zeigt die analoge `PS` für die Parallelschaltung von zwei Widerständen.

Die Abbildung 5.9 zeigt die gesuchte Klasse `Analyse` zur Ermittlung aller Widerstände, Ströme und Spannungen in dem Widerstandsnetzwerk. Hier erkennt man sehr schön die Stärken der objektorientierten Programmierung. In den Zeilen 4 bis 9 wird das Netzwerk beschrieben und in der Zeile 10 die vorgegebene Gesamtspannung festgelegt. Alle Widerstandsobjekte *kennen* dadurch ihre Kennwerte, so dass diese unmittelbar in den Zeilen 12 bis 14 ausgegeben werden können. Die Abbildung 5.10 zeigt die vom Programm aus der Abbildung 5.9 erzeugte Ausgabe.

5.3 Lösungen zum Abschnitt 3

```
1  R[0] =  3,30 Ohm, U[0] = 1,43 V, I[0] = 0,43 A
2  R[1] =  8,20 Ohm, U[1] = 3,57 V, I[1] = 0,43 A
3  R[2] =  6,80 Ohm, U[2] = 5,00 V, I[2] = 0,74 A
4  R[3] = 11,50 Ohm, U[3] = 5,00 V, I[3] = 0,43 A
5  R[4] =  4,27 Ohm, U[4] = 5,00 V, I[4] = 1,17 A
```

Abbildung 5.10 Ergebnis der Analyse für das Widerstandsnetzwerk

Lösung 3.3. Die Abbildung 5.11 zeigt das gesuchte Programm, mit dem ein Objekt der Klasse `Quadrat` erzeugt, seine Seitenlänge, sein Flächeninhalt und sein Umfang abgefragt und dessen Rand und Fläche grafisch dargestellt werden können.

```
Seitenlänge von q1: 1.0
Fläche von q1: 1.0
Umfang von q2: 9.2
```

Lösung 3.4. Die Abbildung 5.12 zeigt das gesuchte Programm zur Verwaltung von Anschriften. Im Konstruktor werden alle Attribute des erzeugten Objekts mit den übergebenen Daten initialisiert. Die statische Methode `format()` der Klasse `String` formt aus diesen Daten die vollständige Anschrift mit dem üblichen Aufbau. Anstelle der Zeile 19 könnte auch die Langform

```
System.out.println(autor[i].toString());
```

verwendet werden. Für die gewählten Testdaten in der `main()`-Methode erzeugt das Programm aus der Abbildung 5.12 die folgende Ausgabe.

```
Adressbuch der Autoren:

Bernd Steinbach
Nelkentor 7
09126 Chemnitz

Christian Posthoff
Reineckerstrasse 11
09126 Chemnitz
```

```java
package geometrie;
import java.awt.Graphics;
public class Quadrat extends Flaechenteil{
  private double s;
  public Quadrat(){
    setSeite(1.0);
  }
   Quadrat(double x, double y, double seitenlänge){
    super(x, y, 0.0, 0.0);
    setSeite(seitenlänge);
  }
  public double getSeite(){
    return s;
  }
  public void setSeite(double seitenlänge){
    s = Math.abs(seitenlänge);
    flInhalt = s * s;
    umfang = s * 4.0;
  }
  @Override
  public void draw(Graphics g){
    g.drawRect((int)(posX-s/2.0), (int)(posY-s/2.0),
               (int)s, (int)s);
  }
  @Override
  public void fill(Graphics g){
    g.fillRect((int)(posX-s/2.0), (int)(posY-s/2.0),
               (int)s, (int)s);
  }
  public static void main(String[] args){
    Quadrat q1 = new Quadrat();
    System.out.println("Seitenlänge von q1: " + q1.getSeite());
    System.out.println("Fläche von q1: " + q1.flaeche());
    Quadrat q2 = new Quadrat(1.0, -4.5, -2.3);
    System.out.println("Umfang  von q2: " + q2.umfang());
  }
}
```

Abbildung 5.11 Klasse Quadrat im Paket geometrie mit einer main()-Methode zum Test

5.3 Lösungen zum Abschnitt 3

```java
public class Anschrift{
  private String vorname;
  private String name;
  private String straße;
  private int hausnummer;
  private int plz;
  private String stadt;
  public static void main(String[] args){
    Anschrift [] autor = new Anschrift[2];
    autor[0] = new Anschrift("Bernd", "Steinbach",
                    "Nelkentor", 7,
                    9126, "Chemnitz");

    autor[1] = new Anschrift("Christian", "Posthoff",
                    "Reineckerstrasse", 11,
                    9126, "Chemnitz");
    System.out.println("Adressbuch der Autoren:\n");
    for(int i = 0; i < 2; i++)
      System.out.println(autor[i]);
  }
  public Anschrift(String vorname, String name,
                String straße, int hausnummer,
          int plz, String stadt){
    this.vorname = vorname;
    this.name = name;
    this.straße = straße;
    this.hausnummer = hausnummer;
    this.plz = plz;
    this.stadt = stadt;
  }
  @Override
  public String toString(){
    return String.format("%s %s\n%s %d\n%05d %s\n",
        vorname, name, straße, hausnummer, plz, stadt);
  }
}
```

Abbildung 5.12 Anwendung der Klasse `Anschrift` für ein Adressbuch

5.4 Lösungen zum Abschnitt 4

Lösung 4.1. Die Abbildung 5.13 zeigt, wie die gesuchte Anwendung aussehen kann, wenn dreimal 1000,00 Euro eingezahlt wurden.

Abbildung 5.13 Erweiterte Windows-Anwendung Konto

Die Gestaltung des Layouts wurde im Konstruktor unter Beibehaltung der bisherigen Vorgehensweise erweitert. Um auf das Ereignis der Betätigung der *Enter*-Taste reagieren zu können, wird der Konstruktor am Ende durch die Anweisung

```
tf_zinssatz.addActionListener(this);
```

ergänzt. Die Abbildung 5.14 zeigt die erweiterte Methode actionPerformed(). In der Zeile 8 wird vorsorglich die Zeichenkette "0.0" als Zinssatz festgelegt, falls kein Zinssatz eingegeben wurde. Dadurch werden Fehler bei der Konvertierung in der Zeile 10 vermieden. In den Zeilen 18 und 19 werden die Zinsen für ein Jahr immer berechnet, d.h. sowohl beim Betätigen der Enter-Taste nach der Eingabe eines neuen Zinssatzes als auch beim Klick auf eine der beiden Tasten.

Lösung 4.2. Die Abbildung 5.15 zeigt das gesuchte Programm, mit dem durch einen Klick in eines der vier Quadrate das jeweils ausgewählte Quadrat grün gefärbt wird. Die Klasse erbt von der Klasse Muster und implementiert das

5.4 Lösungen zum Abschnitt 4

```
1   public void actionPerformed(ActionEvent e){
2     double konto;
3     double betrag = 0.0;
4     double zinssatz = 0.0;
5     konto = Double.parseDouble(l_kontostand.getText());
6     betrag = Double.parseDouble(tf_betrag.getText());
7     String s_zinssatz = tf_zinssatz.getText();
8     if (s_zinssatz.equals("")) s_zinssatz = "0.0";
9     tf_zinssatz.setText(s_zinssatz);
10    zinssatz = Double.parseDouble(s_zinssatz);
11    if(e.getSource() == b_plus)
12      konto += betrag;
13    if(e.getSource() == b_minus)
14      konto -= betrag;
15    if(e.getSource() == b_plus || e.getSource() == b_minus)
16      l_kontostand.setText(
17        String.format("%.2f", konto).replace(',','.'));
18    l_zinsenJahr.setText(String.format("%.2f",
19      konto * zinssatz / 100.0).replace(',','.'));
20  }
```

Abbildung 5.14 Methode `actionPerformed()` der erweiternden Klasse `Konto`

Interface `MouseListener`. Die Zeile 7 sorgt dafür, dass alle Aktionen des Konstruktors der Basisklasse `Muster` ausgeführt werden. Durch die Zeile 8 wird erreicht, dass Mausereignisse an das aktuelle Objekt geschickt werden.

Klick-Ereignisse in dem Fenster werden von der Methode `mouseClicked()` in den Zeilen 10 bis 25 verarbeitet. Nach der Abfrage der Koordinaten des Maus-Klicks in den Zeilen 11 und 12 werden in den Zeilen 13 bis 16 die Grenzwerte der Quadrate berechnet, die für die x- und y-Richtung gleich sind. In der Zeile 17 wird der Standardwert gesetzt, für den Fall, dass kein Quadrat ausgewählt wurde. Die Zeile 18 analysiert, ob es sich um ein linkes Quadrat handeln kann und die Zeile 19 nimmt diese Analyse für die rechten Quadrate vor. Die endgültige Entscheidung wird durch die Überprüfung der Grenzen in y-Richtung in den Zeilen 20 bis 23 getroffen. Durch den Aufruf der Methode `repaint()` in der Zeile 24 wird der Auftrag erteilt, dass die geerbte Methode `paintComponent()` ausgeführt und somit die geänderte Grafik neu gezeichnet wird.

```java
package geometrie;
import javax.swing.*;
import java.awt.*;
import java.awt.event.*;
public class Auswahl extends Muster implements MouseListener{
  public Auswahl(){
    super();
    addMouseListener(this);
  }
  public void mouseClicked(MouseEvent e){
    int x = e.getX();
    int y = e.getY();
    int g1 =  60 - (int)Math.sqrt(20.0 * 20.0 / 2.0);
    int g2 = 100 - (int)Math.sqrt(20.0 * 20.0 / 2.0);
    int g3 = 100 + (int)Math.sqrt(20.0 * 20.0 / 2.0);
    int g4 = 140 + (int)Math.sqrt(20.0 * 20.0 / 2.0);
    selected = -1;
    if(x >= g1 && x <= g2)         selected = 1;
    else if (x >= g3 && x <= g4)  selected = 3;
    if (selected > 0 && y >= g3 && y <= g4)
      selected += 1;
    else if (selected > 0 && !(y >= g1 && y <= g2))
      selected = -1;
    repaint();
  }
  public void mouseEntered(MouseEvent e){}
  public void mouseExited(MouseEvent e){}
  public void mousePressed(MouseEvent e){}
  public void mouseReleased(MouseEvent e){}

  public static void main(String[] args){
    JFrame f = new JFrame();
    f.setTitle("Auswahl");
    f.setLocation(100, 50);
    f.setSize(218, 240);
    f.setDefaultCloseOperation(JFrame.EXIT_ON_CLOSE);
    f.getContentPane().add(new Auswahl());
    f.setVisible(true);
  }
}
```

Abbildung 5.15 Klasse `Auswahl`: durch einen Maus-Klick wird ein Quadrat gefärbt

Stichwortverzeichnis

Antivalenz, 24
Anweisung, 32
    `continue`, 43
    `do-while`, 37, 38, 43
    `for`, 38, 39, 43
    `if-else`, 34
    `if`, 35
    `import`, 18
    `package`, 61
    `return`, 48, 49, 51
    `while`, 36, 37, 43
    Ergibt, 15, 27
Attribut, 47–54, 56, 57, 59, 61, 62, 66, 68, 80, 82
    `length`, 28, 29, 41
ausführen, 9, 13
Ausgabeobjekt, 13

Basisklasse, 51–55, 57, 58, 68, 82, 92, 97

Compiler
    just-in-time, 11

Datentyp
    `boolean`, 23
    `byte`, 20
    `char`, 26, 30, 63
    `double`, 14–17, 22, 27
    `float`, 15, 22
    `int`, 19, 20
    `long`, 20
    `short`, 20
    erweitert: Feld, 27
Disjunktion, 24

editieren, 9, 13
Erweiterung
    `.class`, 12, 47
    `.java`, 10, 11, 13, 61, 62, 83
Exponent, 22

Feld, 27–29, 40, 58, 63, 65, 66, 80, 82
    eindimensional, 28
    zweidimensional, 28, 29

Gleitkommazahl, 22

Interface, 59–61, 76, 77, 82, 97
Interpreter, 11

Java
    Übersetzer, 11
    Compiler, 11, 15, 18, 22, 47
    Programm, 9–13, 24, 25, 28, 30, 45, 47, 49, 83
    Quellprogramm, 10, 11
Java Development Kit, 9
Java Runtime Environment, 9
Java virtuelle Maschine, 11
JDK, 9, 11
JRE, 9, 11
JVM, 11

Klasse, 12, 13, 47–49, 51–58, 61, 67
    `JFrame`, 69, 70
    `JLabel`, 69
    `Math`, 15, 16
    `Object`, 53, 67, 68
    `Scanner`, 17, 18
    `String`, 13, 64
    `System`, 15, 16
    abgeleitete, 51–54, 57, 58
    abstrakte, 53, 58, 71
Klassenmethode, 48, 49
Kommandozeile, 11–13
kompilieren, 13, 30, 62, 83
Konjunktion, 24, 25
Konstruktor, 48, 49, 51, 54–56, 61, 63, 67, 73, 75, 77, 80

Methode, 13, 47–54, 56–59, 61–71, 75–80, 82, 90, 93, 96, 97
    `main()`, 10, 12, 32, 34, 48, 49, 51, 67, 68, 75, 93
    `nextDouble()`, 17
    `printf()`, 30
    `println()`, 13, 16
    virtuelle, 58

Namensraum, 47, 48

Objekt, 13, 45–53, 56–61, 63–69, 71–73, 75–80, 82, 90, 93, 97
Operation
    Dekrement, 20, 21
    Inkrement, 20, 21
    Vergleich, 25
Operator
    `new`, 18, 27, 28

Paket, 61, 62, 68, 69, 71, 72, 77, 80
    `java.lang`, 15, 18, 63
    `java.util`, 17
    `javax.swing`, 69, 72
Parameter, 13, 46–49, 56, 61, 67
Polymorphie, 57, 58, 80, 82
Priorität, 20, 21, 25, 85
Programm
    `javac`, 11, 13, 62, 83
    `java`, 12, 83
Programmaufruf, 13
Programmiersprache, 5, 6, 9, 10, 12, 19, 20

Referenzvariable, 27–29, 46, 73

Schlüsselwort
    `abstract`, 53
    `class`, 47, 53, 59
    `extends`, 52, 53, 77
    `implements`, 60, 77
    `interface`, 59
    `private`, 47, 48
    `protected`, 54
    `public`, 12, 47–49, 52, 90
    `static`, 13, 48, 64
    `void`, 13
Standardkonstruktor, 49, 54, 63, 67

Tabulator, 23
Text-Editor, 10

Variable, 14
Vererbung, 51–54, 57, 62

Zeichenkette, 13, 16
Zeilenkommentar, 10

Edition am Gutenbergplatz Leipzig / (abgekürzt: EAGLE)

Ackermann, G.: In Acht und Bann: Lic. Johannes Ackermann (1900-1942). Pfarrer in Tannenberg / Erzgebirge.
Leipzig 2015. 1. Aufl. EAGLE 080. ISBN 978-3-95922-080-4

**Alt, W. / Schneider, C. / Seydenschwanz, M.:
EAGLE-STARTHILFE Optimale Steuerung.** Theorie und numerische Verfahren.
Leipzig 2013. 1. Aufl. EAGLE 073. ISBN 978-3-937219-73-8

Bandemer, H.: Mathematik und Ungewißheit. Drei Essais zu Problemen der Anwendung.
Leipzig 2005. 1. Aufl. EAGLE 023. ISBN 3-937219-23-4

Britzelmaier, B. / Studer, H. P. / Kaufmann, H.-R.: EAGLE-STARTHILFE Marketing.
Leipzig 2010. 2., bearb. u. erw. Aufl. EAGLE 040. ISBN 978-3-937219-40-0

Britzelmaier, B.: EAGLE-STARTHILFE Finanzierung und Investition.
Leipzig 2009. 2., bearb. u. erw. Aufl. EAGLE 026. ISBN 978-3-937219-93-6

Brune, W.: Ratgeber Klima. CO_2 ist Begleiterscheinung des Klimawandels, nicht Ursache.
Leipzig 2015. 1. Aufl. EAGLE 082. 978-3-95922-082-8

Brune, W.: EAGLE-STARTHILFE Physikalische Klimamodelle.
Leipzig 2014. 1. Aufl. EAGLE 071. 978-3-937219-71-4

Brune, W.: EAGLE-GUIDE Klima von A bis Z. Leipzig 2012. 1. Aufl. EAGLE 061. ISBN 978-3-937219-61-5

Brune, W.: Klimaphysik. Strahlung und Materieströme. Leipzig 2011. 1. Aufl. EAGLE 034. ISBN 978-3-937219-34-9

Dettweiler, E.: Risk Processes.
Leipzig 2004. 1. Aufl. EAGLE 008. ISBN 3-937219-08-0

Deweß, G. / Hartwig, H.: EAGLE-STARTHILFE Ein Semester Operations Research.
Modelle – Prinzipien – Beispiele.
Leipzig 2013. 1. Aufl. EAGLE 070. ISBN 978-3-937219-70-7

Deweß, G. / Hartwig, H.: Wirtschaftsstatistik für Studienanfänger. Begriffe – Aufgaben – Lösungen.
Leipzig 2010. 1. Aufl. EAGLE 038. ISBN 978-3-937219-38-7

Eschrig, H.: The Particle World of Condensed Matter. An Introduction to the Notion of Quasi-Particle.
Leipzig 2005. 1. Aufl. EAGLE 024. ISBN 3-937219-24-2

Eschrig, H.: The Fundamentals of Density Functional Theory.
Leipzig 2003. 2. Aufl. EAGLE 004. ISBN 3-937219-04-8

Foken, T.: EAGLE-STARTHILFE Energieaustausch an der Erdoberfläche.
Lokalklima – Landnutzung – Klimawandel.
Leipzig 2013. 1. Aufl. EAGLE 063. ISBN 978-3-937219-63-9

Franeck, H.: … aus meiner Sicht. Freiberger Akademieleben. Geleitwort: **D. Stoyan**.
Leipzig 2009. 1. Aufl. EAGLE 030. ISBN 978-3-937219-30-1

Franeck, H.: EAGLE-STARTHILFE Technische Mechanik. Ein Leitfaden für Studienanfänger des Ingenieurwesens.
Leipzig 2004. 2., bearb. u. erw. Aufl. EAGLE 015. ISBN 3-937219-15-3

Freudenberg, W. / Gäbler, M.: EAGLE- STARTHILFE Wahrscheinlichkeitsrechnung. Eine elementare Einführung.
Leipzig 2014. 1. Aufl. EAGLE 078. ISBN 978-3-937219-78-3

Fröhner, M. / Windisch, G.: EAGLE-GUIDE Elementare Fourier-Reihen.
Leipzig 2009. 2., bearb. u. erw. Aufl. EAGLE 018. ISBN 978-3-937219-99-8

Gräbe, H.-G.: EAGLE-GUIDE Algorithmen für Zahlen und Primzahlen.
Leipzig 2012. 1. Aufl. EAGLE 058. ISBN 978-3-937219-58-5

Graumann, G.: EAGLE-STARTHILFE Grundbegriffe der Elementaren Geometrie.
Leipzig 2011. 2., bearb. u. erw. Aufl. EAGLE 006. ISBN 978-3-937219-80-6

Günther, H. / Müller, V.: EAGLE- STARTHILFE Allgemeine Relativitätstheorie.
Die Gravitation bei Einstein und Newton.
Leipzig 2015. 1. Aufl. EAGLE 087. ISBN 978-3-95922-087-3

Günther, H. / Müller, V.: EAGLE-GUIDE Relativitätstheorie von A bis Z. Einsteins Spezielle Relativitätstheorie.
Leipzig 2013. 1. Aufl. EAGLE 067. ISBN 978-3-937219-67-7

Günther, H.: Bewegung in Raum und Zeit. Leipzig 2012. 1. Aufl. EAGLE 054. ISBN 978-3-937219-54-7

Günther, H.: EAGLE-GUIDE Raum und Zeit – Relativität.
Leipzig 2009. 2., bearb. u. erw. Aufl. EAGLE 022. ISBN 978-3-937219-88-2

Haftmann, R.: EAGLE-GUIDE Differenzialrechnung. Vom Ein- zum Mehrdimensionalen.
Leipzig 2009. 1. Aufl. EAGLE 029. ISBN 978-3-937219-29-5

Hauptmann, S.: EAGLE-STARTHILFE Chemie.
Leipzig 2004. 3., bearb. u. erw. Aufl. EAGLE 007. ISBN 3-937219-07-2

Hildebrandt, S. / Staude-Hölder, B. (Hrsg.): Otto Hölder, Briefe an die Eltern 1878 bis 1887.
Berlin – Greifswald – Tübingen – Stuttgart – Leipzig – Göttingen.
Leipzig 2014. 1. Aufl. EAGLE 076. ISBN 978-3-937219-76-9

Hildebrandt, S.: Rheticus zum 500. Geburtstag. Mathematiker – Astronom – Arzt.
Leipzig 2014. 1. Aufl. EAGLE 074. ISBN 978-3-937219-74-5

Huber, M. / Albertini, C.: EAGLE- STARTHILFE Grundbegriffe der Mathematik.
Logik – Mengen – Relationen und Funktionen – Zahlbegriff.
Leipzig 2015. 2., bearb. u. erw. Aufl. EAGLE 043. ISBN 978-3-937219-97-4

Hupfer, P. / Becker, P. / Börngen, M.: 20.000 Jahre Berliner Luft. Klimaschwankungen im Berliner Raum.
Leipzig 2013. 1. Aufl. EAGLE 062. ISBN 978-3-937219-62-2

Hupfer, P. / Tinz, B.: EAGLE-GUIDE Die Ostseeküste im Klimawandel. Fakten – Projektionen – Folgen.
Leipzig 2011. 1. Aufl. EAGLE 043. ISBN 978-3-937219-43-1

Inhetveen, R.: Logik. Eine dialog-orientierte Einführung.
Leipzig 2003. 1. Aufl. EAGLE 002. ISBN 3-937219-02-1

Junghanns, P.: EAGLE-GUIDE Orthogonale Polynome.
Leipzig 2009. 1. Aufl. EAGLE 028. ISBN 978-3-937219-28-8

Klingenberg, W. P. A.: Klassische Differentialgeometrie. Eine Einführung in die Riemannsche Geometrie.
Leipzig 2004. 1. Aufl. EAGLE 016. ISBN 3-937219-16-1

Krämer, H. / Weiß, J.: SIEGFRIED OTTO (1914-1997). Prinzipal von Giesecke & Devrient und B. G. Teubner.
Leipzig 2014. 1. Aufl. EAGLE 075. ISBN 978-3-937219-75-2

Krämer, H.: Teubnerianae. Leipzig 2013. 1. Aufl. EAGLE 066. ISBN 978-3-937219-66-0

Krämer, H.: In der sächsischen Kutsche. Leipzig 2012. 1. Aufl. EAGLE 056. ISBN 978-3-937219-56-1

Krämer, H. / Weiß, J.: „Wissenschaft und geistige Bildung kräftig fördern".
Zweihundert Jahre B. G. Teubner 1811-2011.
Leipzig 2011. 1. Aufl. EAGLE 050. ISBN 978-3-937219-50-9

Krämer, H.: Die Altertumswissenschaft und der Verlag B. G. Teubner.
Leipzig 2011. 1. Aufl. EAGLE 049. ISBN 978-3-937219-49-3

Krämer, H.: Neun Gelehrtenleben am Abgrund der Macht.
Der Verlagskatalog B. G. Teubner, Leipzig – Berlin 1933: Eduard Norden – Paul Maas – Eduard Fraenkel – Egon Täubler – Alfred Einstein – Albert Einstein – Max Born – Hermann Weyl – Franz Ollendorff.
Leipzig 2011. 2., bearb. u. erw. Aufl. EAGLE 048. ISBN 978-3-937219-48-6

Kufner, A. / Leinfelder, H.: EAGLE-STARTHILFE Elementare Ungleichungen. Eine Einführung mit Übungen.
Leipzig 2012. 1. Aufl. EAGLE 045. ISBN 978-3-937219-45-5

Lassmann, W. / Schwarzer, J. (Hrsg.): Optimieren und Entscheiden in der Wirtschaft.
Gewidmet dem Nobelpreisträger Leonid W. Kantorowitsch. Mit seiner Nobelpreisrede vom Dezember 1975.
Leipzig 2004. 1. Aufl. EAGLE 013. ISBN 3-937219-13-7

Luderer, B.: EAGLE-GUIDE Basiswissen der Algebra.
Leipzig 2009. 2., bearb. u. erw. Aufl. EAGLE 017. ISBN 978-3-937219-96-7

Luderer, B. (Ed.): Adam Ries and his 'Coss'.
A Contribution to the Development of Algebra in 16th Century Germany. With Contributions by Wolfgang Kaunzner, Hans Wussing, and Bernd Luderer.
Gemeinschaftsausgabe Edition am Gutenbergplatz Leipzig / Adam-Ries-Bund Annberg-Buchholz.
Leipzig 2004. 1. Aufl. EAGLE 011. ISBN 3-937219-11-0

Neumann, O. (Hrsg.): Bernhard Riemann / Hermann Minkowski, Riemannsche Räume und Minkowski-Welt.
Mit B. Riemanns Habilitationsvortrag, Göttingen 1854,
und D. Hilberts Gedächtnisrede auf H. Minkowski, Göttingen 1909.
Mit Originalarbeiten von B. Riemann, H. Minkowski, R. Dedekind, D. Hilbert und dem von O. Neumann verfassten Essay „Riemann, Minkowski und der Begriff ‚Raum' ".
Leipzig 2012. 1. Aufl. EAGLE 014. ISBN 978-3-937219-14-1

Noack, P. / Jacobs, F. / Börngen, M.: Leipzig. Alle Wetter! Alltägliches – Besonderes – Extremes.
Leipzig 2014. 1. Aufl. EAGLE 079. ISBN 978-3-937219-79-0

Ortner, E.: Sprachbasierte Informatik. Wie man mit Wörtern die Cyber-Welt bewegt.
Leipzig 2005. 1. Aufl. EAGLE 025. ISBN 3-937219-25-0

Pieper, H.: Netzwerk des Wissens und Diplomatie des Wohltuns.
Berliner Mathematik, gefördert von A. v. Humboldt und C. F. Gauß.
Gemeinschaftsausgabe Edition am Gutenbergplatz Leipzig / Alexander-von-Humboldt-Forschungsstelle der Berlin-Brandenburgischen Akademie der Wissenschaften.
Leipzig 2004. 1. Aufl. EAGLE 012. ISBN 3-937219-12-9

Radbruch, K.: Bausteine zu einer Kulturphilosophie der Mathematik.
Leipzig 2009. 1. Aufl. EAGLE 031. ISBN 978-3-937219-31-8

Resch, J.: EAGLE-GUIDE Finanzmathematik. Leipzig 2004. 1. Aufl. EAGLE 020. ISBN 3-937219-20-X

Reich, K. (Hrsg.): Wolfgang Sartorius von Waltershausen, Gauß zum Gedächtnis.
Biographie Carl Friedrich Gauß, Leipzig 1856. Mit dem von Karin Reich verfassten Essay „Wolfgang Sartorius von Waltershausen (1809-1876)".
Leipzig 2012. 1. Aufl. EAGLE 057. ISBN 978-3-937219-57-8

Scheja, G.: Der Reiz des Rechnens. Leipzig 2004. 1. Aufl. EAGLE 009. ISBN 3-937219-09-9

Schreiber, A.: Die enttäuschte Erkenntnis. Paramathematische Denkzettel.
Leipzig 2013. 1. Aufl. EAGLE 068. ISBN 978-3-937219-68-4

Sebastian, H.-J.: Optimierung von Distributionsnetzwerken.
Leipzig 2013. 1. Aufl. EAGLE 039. ISBN 978-3-937219-39-4

Sprößig, W. / Fichtner, A.: EAGLE-GUIDE Vektoranalysis. Leipzig 2004. 1. Aufl. EAGLE 019. ISBN 3-937219-19-6

Steinbach, B. / Posthoff, C.: EAGLE-STARTHILFE Java-Programmierung für Anfänger.
Leipzig 2016. 1. Aufl. EAGLE 088. ISBN 978-3-95922-088-0

Steinbach, B. / Posthoff, C.: EAGLE-STARTHILFE Effiziente Berechnungen mit XBOOLE.
Boolesche Gleichungen – Mengen und Graphen – Digitale Schaltungen.
Leipzig 2015. 1. Aufl. EAGLE 081. ISBN 978-3-95922-081-1

Steinbach, B. / Posthoff, C.: EAGLE- STARTHILFE Technische Informatik.
Logische Funktionen – Boolesche Modelle.
Leipzig 2014. 1. Aufl. EAGLE 077. ISBN 978-3-937219-77-6

Stolz, W.: EAGLE-STARTHILFE Physik. Leipzig 2015. 5., neu bearb. Aufl. EAGLE 086. ISBN 978-3-95922-086-6

Stolz, W.: EAGLE-GUIDE Radioaktivität von A bis Z.
Leipzig 2014. 2., bearb. u. erw. Aufl. EAGLE 053. ISBN 978-3-937219-94-3

Stolz, W.: EAGLE-GUIDE Formeln zur elementaren Physik.
Leipzig 2009. 1. Aufl. EAGLE 027. ISBN 978-3-937219-27-1

Stottmeister, U. / Mondschein, A. / Tech, S.: EAGLE-STARTHILFE Nutzung nachwachsender Rohstoffe.
Stärken – Chancen – Risiken.
Leipzig 2015. 1. Aufl. EAGLE 083. ISBN 978-3-95922-083-5

Thiele, R.: Felix Klein in Leipzig. Mit F. Kleins Antrittsrede, Leipzig 1880.
Leipzig 2011. 1. Aufl. EAGLE 047. ISBN 978-3-937219-47-9

Thiele, R.: Van der Waerden in Leipzig.
Leipzig 2009. 1. Aufl. EAGLE 036. ISBN 978-3-937219-36-3

Thierfelder, J.: EAGLE-GUIDE Nichtlineare Optimierung.
Leipzig 2005. 1. Aufl. EAGLE 021. ISBN 3-937219-21-8

Triebel, H.: Anmerkungen zur Mathematik. Leipzig 2011. 1. Aufl. EAGLE 052. ISBN 978-3-937219-52-3

Volpert, M.: EAGLE- STARTHILFE Mechatronische Systeme.
Grundlagen – Modellierung – Simulation.
Leipzig 2014. 1. Aufl. EAGLE 044. ISBN 978-3-937219-44-8

Wagenknecht, C.: EAGLE-STARTHILFE Berechenbarkeitstheorie.
Cantor-Diagonalisierung – Gödelisierung – Turing-Maschine.
Leipzig 2012. 1. Aufl. EAGLE 059. ISBN 978-3-937219-59-2

Walser, H.: EAGLE-MALBUCH Formen und Farben. Geometrische Figuren zum Ausmalen.
Leipzig 2015. 1. Aufl. EAGLE 084. ISBN 978-3-95922-084-2

Walser, H.: Symmetrie in Raum und Zeit. Leipzig 2014. 1. Aufl. EAGLE 046. ISBN 978-3-937219-46-2

Walser, H.: DIN A4 in Raum und Zeit. Silbernes Rechteck – Goldenes Trapez – DIN-Quader.
Leipzig 2013. 1. Aufl. EAGLE 069. ISBN 978-3-937219-69-1

Walser, H.: Fibonacci. Zahlen und Figuren. Leipzig 2012. 1. Aufl. EAGLE 060. ISBN 978-3-937219-60-8

Walser, H.: 99 Schnittpunkte. Beispiele – Bilder – Beweise.
Leipzig 2012. 2., bearb. u. erw. Aufl. EAGLE 010. ISBN 978-3-937219-95-0

Walser, H.: Geometrische Miniaturen. Figuren – Muster – Symmetrien.
Leipzig 2011. 1. Aufl. EAGLE 042. ISBN 978-3-937219-42-4

Walser, H.: Der Goldene Schnitt. Mit einem Beitrag von **H. Wußing**.
Leipzig 2013. 6., bearb. u. erw. Aufl. EAGLE 001. ISBN 978-3-937219-85-1

Weiß, J. / Stolz, W.: ERNST GRIMSEHL (1861-1914). Erfolgreicher Autor bei B. G. Teubner.
Leipzig 2014. 1. Aufl. EAGLE 032. ISBN 978-3-937219-32-5

Weiß, J.: Deutsche Blätter, Oktober 1813. Leipzig – Völkerschlacht – Brockhaus – Teubner.
Leipzig 2013. 1. Aufl. EAGLE 065. ISBN 978-3-937219-65-3

Weiß, J.: B. G. Teubner zum 225. Geburtstag. Adam Ries – Völkerschlacht –
F. A. Brockhaus – Augustusplatz – Leipziger Zeitung – Börsenblatt. Geleitwort: **H. Krämer**.
Leipzig 2009. 1. Aufl. EAGLE 035. ISBN 978-3-937219-35-6

Wußing, H.: EAGLE-GUIDE Von Descartes bis Euler. Mathematik und Wissenschaftliche Revolution.
Leipzig 2013. 1. Aufl. EAGLE 064. ISBN 978-3-937219-64-6

Wußing, H. / Folkerts, M.: EAGLE-GUIDE Von Pythagoras bis Ptolemaios.
Mathematik in der Antike. Vorwort: **G. Wußing**.
Leipzig 2012. 1. Aufl. EAGLE 055. ISBN 978-3-937219-55-4

Wußing, H.: Carl Friedrich Gauß. Biographie und Dokumente.
Leipzig 2011. 6., bearb. u. erw. Aufl. EAGLE 051. ISBN 978-3-937219-51-6

Wußing, H.: EAGLE-GUIDE Von Leonardo da Vinci bis Galileo Galilei. Mathematik und Renaissance.
Leipzig 2010. 1. Aufl. EAGLE 041. ISBN 978-3-937219-41-7

Wußing, H.: EAGLE-GUIDE Von Gauß bis Poincaré. Mathematik und Industrielle Revolution.
Leipzig 2009. 1. Aufl. EAGLE 037. ISBN 978-3-937219-37-0

Wußing, H.: Adam Ries.
Leipzig 2009. 3., bearb. u. erw. Aufl. EAGLE 033. ISBN 978-3-937219-33-2

Siehe auch:

http://www.weiss-leipzig.de/bilder-aus-leipzig-2016.pdf

http://www.weiss-leipzig.de/bilder-aus-leipzig-2015.pdf

http://www.weiss-leipzig.de/bilder-aus-leipzig-2014.pdf

http://www.weiss-leipzig.de/bilder-aus-leipzig-2013.pdf

http://www.weiss-leipzig.de/wissenschaftsgeschichte.htm

Alle EAGLE-Bände im VLB-online.   www.eagle-leipzig.de